Reformulierter Glaube

Für Adolf Muschg

Mit den besten Wünschen!

Aarau, 23. Mai 2017

Christoph Weber-Berg

T V Z

Reformulierter Glaube

Anstösse für kirchliche Verkündigung heute

Christoph Weber-Berg

T V Z

Theologischer Verlag Zürich

Gedruckt mit freundlicher Unterstützung der Reformierten Landeskirche Aargau.

Bibliografische Information der Deutschen Nationalbibliothek
Die Deutsche Nationalbibliothek verzeichnet diese Publikation in der Deutschen Nationalbibliografie; detaillierte bibliografische Daten sind im Internet über http://dnb.dnb.de abrufbar.

Umschlaggestaltung
Simone Ackermann, Zürich
Unter Verwendung eines Bildes von Christine Bärlocher, Zürich,
aus der Ausstellung Reformiertsein, reformiertsein.ch.

Druck
ROSCH-BUCH GmbH, Schesslitz

ISBN 978-3-290-17860-4

www.tvz-verlag.ch

Inhalt

Geleitwort

Ecclesia semper reformanda: Reformiert wird weiterhin. Das wussten die Reformatoren, und wir tun gut daran, uns immer wieder darauf zu besinnen, dass das Werk der Reformation unser je eigenes Mitdenken und Mittun erfordert. Mit Nachdruck ruft Christoph Weber-Berg diese alte Einsicht in Erinnerung, nicht nur mahnend, sondern auch zur Nachahmung ermutigend, indem er selbst denkerisch den Weg geht, zu dem er aufruft. Mit Nachdruck fordert der Kirchenratspräsident: Reformation kann nicht nur kirchlich organisiert und öffentlich kommuniziert werden, Reformation will zuerst glaubend bedacht und denkend geglaubt werden.

«Reformulierter Glaube»: Beim unachtsamen Überfliegen liest sich der Buchtitel wie «Reformierter Glaube». Der vermeintliche Lesefehler ist jedoch der Sache nach gar keiner, meint doch Reformation das immer neue Aussprechen jener Glaubenswahrheit, auf der Jesus Christus seine Kirche baut und jener Hoffnung, mit der uns Gott zur Mitarbeit in seinem Weinberg beruft. Gleichzeitig bedeutet «Reformulierung» auch kein blosses Nachsprechen oder Abschreiben, sondern das Wagnis, neue Worte, neue Wendungen zu finden, um das Bekannte anders, das Geglaubte in noch nicht gemalten Bildern verständlich zu machen und so vielleicht unerwartet zum Leuchten zu bringen.

Wer das Buch aufmerksam liest, wird feststellen, dass der Autor nicht nur interessante Anstösse für «Reformierte Verkündigung heute» beisteuert. Seine Gedanken und Meditationen bieten, im anderen Sinn des Worts, auch «Anstössiges», quer Gedachtes, das zum Nach-, Weiter- und Gegendenken anregt und auffordert. Weber-Berg befindet sich damit in bester Gesellschaft mit den Autoren der reformierten Katechismen, die um die Revisionsbedürftigkeit – oder sagen wir es treffender: die

Reformfähigkeit – ihrer Glaubenstexte wussten. Ihnen verdanken wir ein geradezu sportliches Schrifttum, das Kirche bewegt und beweglich hält. Der Autor will uns geistlich auf Trab halten und kann sich dabei durchaus auf die Reformatoren berufen. Ich wünsche diesem Buch entsprechend bewegte Leserinnen und Leser – auf dass diese auch selbst reformulieren mögen, welche Hoffnung sie aus dem Glauben an den dreieinen Gott schöpfen.

Gottfried Wilhelm Locher

Einleitung

Die letzten hundert Jahre waren nicht nur für die Kirche, sondern für die gesamte Gesellschaft von davor unvorstellbaren Entwicklungen und Umbrüchen geprägt. Auf der einen Seite stehen die Fortschritte von Landwirtschaft, Technik und Medizin, welche die Grundbedürfnisse Ernährung, Gesundheit und Sicherheit für sehr viele Menschen (noch längst nicht für alle) auf einen bisher nie da gewesenen Stand gebracht haben. Auf der anderen Seite war das 20. Jahrhundert von den zwei grössten und wohl abscheulichsten Kriegen geprägt, die von Menschen je geführt worden waren.

Die zweite Hälfte des 20. Jahrhunderts war – jedenfalls für Europa – eine Nachkriegszeit, die von Wirtschaftswachstum, Wohlstand und relativem Frieden geprägt war. Der kalte Krieg blieb – Gott sei Dank – «kalt» und war für viele Menschen lediglich eine dunkle Gewitterwolke über insgesamt sonnigen Tagen des wachsenden Wohlstands und der zunehmenden individuellen Freiheit.

Natürlich stand auch die Kirche vor grossen Herausforderungen und steht es noch heute. Ich vertrete hier sogar die These, dass «die Kirche»[1] bis heute noch nicht verstanden hat, was diese Entwicklungen für sie bedeuten und welche Konsequenzen sie daraus zu ziehen hat. Keinesfalls aber wird der Anspruch erhoben, diese Herausforderung auf den folgenden Seiten gedanklich zu meistern. Dennoch versuche ich, eine skiz-

1 In diese kollektive und sehr unbestimmte Bezeichnung schliesse ich mich als in kirchenleitender Verantwortung stehenden Christen ausdrücklich mit ein; ebenso ausdrücklich schliesse ich damit keine anderen Christinnen und Christen aus. Es geht nicht um Differenzen, sondern darum, dass wir gemeinsam Kirche sind: Wer sich mit der Kirche identifiziert, sich spirituell, emotional, intellektuell, finanziell oder durch die Tat für das Kirchesein engagiert, ist «Kirche». Dieser Hinweis gilt überall, wo in der Folge in ähnlich unbestimmter Art von «der Kirche» die Rede ist.

zenhafte Einordnung vorzunehmen, die Leserinnen und Leser dazu anregen soll, sich ebenfalls mit den anstehenden Fragen auseinanderzusetzen und ins Gespräch einzubringen, das *nicht nur für die Kirche als Institution, sondern – und ganz besonders – für die Kirche als Gemeinschaft der glaubenden Menschen* mehr als nottut. Da, wo dieser Dialog stattfindet, da lebt reformierte, sich reformierende Kirche – innerhalb und ausserhalb der institutionellen Grenzen der Kirchen, die in der Tradition der Reformation des 16. Jahrhunderts stehen.

Ausgehend von solchen und ähnlichen Gedanken ist der vorliegende Text im Lauf eines Jahres entstanden. Stets hat mich die Frage um- und angetrieben, wie man denn heute die Reformation feiern kann. Nach und nach wurde mir immer klarer: Man kann es nur, wenn man willens und in der Lage ist, sich als Kirche heute zu reformieren. Eine versteinerte Kirche könnte die Reformation mit üppigsten Budgets ausgestattet feiern. Gleichzeitig wäre sie dessen, was sie feiert, nicht würdig. Wenn wir als Kirche die Reformation ernsthaft feiern, dann feiern wir allerdings gar nicht die Reformation oder unsere eigene Reformfähigkeit. Wir feiern das Evangelium, auf das sich die Reformation seit jeher beruft.

Das Evangelium als befreiende und lebendige Botschaft bleibt grundsätzlich gleich. Und doch: schon die Bibel selbst legt Zeugnis davon ab, dass die Heilige Schrift deutungsbedürftig ist. Nicht, dass da jeder und jede hineinlesen könnte, was ihm oder ihr gerade so passt. Aber das Lehramt muss wahrgenommen werden: die unveränderliche, gute Botschaft der Versöhnung, des Lebens, der Gerechtigkeit und der Hoffnung muss in jede Zeit hinein neu gesprochen, verständlich gemacht und gedeutet werden. Wir sind eingeladen, uns mutig in die Diskussion einzubringen. Das Lehramt sind und haben wir alle, die im Vertrauen auf Gott und seinen Geist die Wahrheit gemeinsam suchen.

Kirche lebt da, wo eine Gemeinde der «Herausgerufenen» (*ekklesia)*, sich als Such- und Weggemeinschaft für die Wahrheit des Glaubens öffnet. In diesem Sinne verstehe ich dieses Buch. Es richtet sich deshalb nicht nur an Pfarrkolleginnen und Pfarrkollegen, Sozialdiakoninnen und Sozialdiakone, an Frauen und Männer in kirchenleitenden Gremien, Synoden und Gemeindebehörden, sondern auch an kirchlich und theologisch interessierte Menschen überhaupt. Es wird Zustimmung und Ablehnung zu meinen Gedanken geben; Relativierungen und Akzentuierungen. Und das ist auch gut so. Wenn ich einen Beitrag dazu leisten kann, dass sich Menschen in unseren Gemeinden über ihren Glauben, über den Auftrag der Kirche, über Tod und Auferstehung, über Diakonie, Gottesdienst, Liturgie und Predigt oder über die Aufgabe der Religionspädagogik unterhalten, dann ist mein Ziel erreicht. Wenn wir uns dann alle daranmachen, da etwas zu tun und zu verändern, wo es uns je an unserem Ort möglich ist, dann geschieht ein Stück Reformation in unserer Zeit, dann lebt die sich stets aus der Kraft des Evangeliums reformierende Kirche.

Es ist mir bewusst, dass ich mit meinen Diskussionsvorschlägen nicht nur auf Zustimmung stossen werde. Das ist aber auch gut so, denn was hier vertreten wird, ist der Versuch einer Annäherung an Glaubensgewissheiten. Was ich im Rahmen dieses Buches vertrete, halte ich für wahr. Im gleichen Moment stelle ich es zur Debatte in der Überzeugung, dass die entsprechende Auseinandersetzung dringend notwendig ist: Den letzten Wahrheiten nähern wir uns nur gemeinsam und im Dialog.

Gerne möchte ich an dieser Stelle jenen Freunden und Bekannten danken, die mich bei der Entstehung dieses Buches unterstützt haben: allen voran Samuel Jakob, der mich zuallererst ermunterte, meine Gedanken niederzuschreiben und mich in der Folge mitlesend und ermutigend durch die Entstehung des Manuskripts begleitete. Ein herzlicher Dank geht auch an alle jene, die das Manuskript auf verschiedenen Stufen seiner Entstehung gelesen und kommentiert haben: Beat Huwyler, Rainer Jecker, Martin Keller und nicht zuletzt mein Vater Ernst Weber. Mein Dank geht auch an den Kirchenrat der Reformierten Landeskirche Aargau, der mich darin unterstützte, die aktuelle Debatte um reformiertes Kirchesein im Umfeld des Jubiläumsjahres 2017 mit meinem Beitrag zu beleben. Sehr dankbar bin ich auch für die Unterstützung durch den Theologischen Verlag Zürich, namentlich Frau Lisa Briner und der Lektorin, Frau Bigna Hauser, die mich jederzeit wohlwollend und unterstützend begleiteten.

1. Die Entwicklung der letzten Jahrzehnte

1.1 Die «Vorgeschichte»

Die Reformation des 16. Jahrhunderts steht im Kontext der Renaissance: Antike Philosophie, antike Kultur und Kunst erlebten eine «Wiedergeburt» nach Jahrhunderten des Mittelalters. Das vernunftgeleitete Denken, die Naturbeobachtung und – ganz zentral – die Stellung des einzelnen Menschen als Individuum, erfuhren einen massiven Bedeutungszuwachs im Vergleich zum Mittelalter. Das berühmte Diktum Luthers auf dem Reichstag zu Worms «Hier stehe ich und kann nicht anders. Gott helfe mir! Amen»[2] steht paradigmatisch dafür: Ein einzelner Mensch, denkendes Subjekt, moralisches Wesen, religiös Glaubender, stellt sich mit seiner Aussage nicht nur gegen den Kaiser und die Kirche, sondern gegen die geltende angeblich gottgegebene Ordnung. Vernunft und Gewissen lassen keine andere Möglichkeit zu. Die Reformation war ein kirchlicher Ausdruck des Lebensgefühls der Renaissance, welche die Gesellschaftsordnung und das Weltbild des ausgehenden Mittelalters infrage stellte.

Ohne einen simplen ursächlichen Zusammenhang zu postulieren, kann gesagt werden, dass in der Zeit von Renaissance und Reformation eine Entwicklung einsetzte, die über Aufklärung und Moderne in unsere Zeit hineinführt: die Emanzipation des Individuums aus geltenden religiösen, kulturellen und politischen Ordnungen. Diese Entwicklung dürfen wir uns allerdings nicht als direkte, gleichsam vorgezeichnete Linie vorstellen. Sie war von Verwerfungen, Rückschlägen und Umbrüchen geprägt.

2 Der Ausspruch ist in dieser Formulierung zwar nicht bezeugt. Er bringt jedoch auf den Punkt, mit welcher Haltung sich Luther der Situation stellte.

Insbesondere das 20. Jahrhundert mit seinen beiden Weltkriegen rückt hier in den Blick. Das moderne Lebensgefühl und die Aufbruchsstimmung der Zeit von der Jahrhundertwende bis zum Ersten Weltkrieg, die durch Literatur, Wissenschaft und Technik, Musik und bildende Kunst in unsere Zeit hineinwirken, erfuhren durch Nationalismus, Militarismus und Faschismus einen fatalen Rückschlag.

Die beiden grossen Kriege des 20. Jahrhunderts führten unmissverständlich vor Augen, wie wenig es braucht, um der Werte der Aufklärung, der Demokratie und der christlichen Tradition durch Gewalt und Gleichschaltung zu spotten. Die Erinnerung daran sollte nicht allzu schnell verblassen und uns bewusst halten, wie wertvoll das Erbe von Renaissance, Aufklärung und Moderne für demokratische und offene Gesellschaften ist.

Europa, und insbesondere Deutschland, musste sich nach dem Zweiten Weltkrieg vom Schock der beiden Kriege und des Totalitarismus erholen. Wiederaufbau, Wirtschaftswunder, Wirtschaftswachstum und Wiederanknüpfung am Lebensgefühl der historischen Moderne sind Entwicklungen, welche die vergangenen sechs Jahrzehnte prägten.

1.2 Wirtschaftswachstum, Konsum und Sinnstiftung

Die Zeit nach dem Zweiten Weltkrieg war für die meisten Menschen Mittel- und Westeuropas von wachsendem Wohlstand und zunehmender Wohlfahrt geprägt. Das Wirtschaftswachstum ermöglichte den Auf- und Ausbau der sozialen Sicherungssysteme. Die Grundbedürfnisse der Menschen: Ernährung, Gesundheit, Sicherheit und die Möglichkeiten zur Verwirklichung selbstbestimmter Lebensentwürfe verbesserten und erweiterten sich markant. Einkommenswachstum und gesteigerte industrielle Produktion als zwei Seiten der gleichen Medaille vervielfältigten die Konsummöglichkeiten. Und fast wie von selbst bedeutete dies für die meisten Menschen auch eine Erweiterung ihres Lebens- und Sinnhorizontes.

Das erste Radio, das erste Telefon, das erste Fahrrad, das erste Motorrad, das erste Auto, die ersten Ferien in den Bergen oder gar im Ausland, der erste Kühlschrank, der erste Fernsehapparat, die erste Flugreise, ungezählte Freizeitangebote: All das stiftete dem einzelnen Menschen sehr viel Sinn. Zusammen mit erweiterten Bildungsmöglichkeiten emanzipierte wachsender Konsum breite Bevölkerungsschichten aus kleinbürgerlicher Enge.

Spätestens seit der Wende zum 21. Jahrhundert scheint in dieser Entwicklung eine gewisse Sättigung erreicht zu sein. Es tritt ein, was die Ökonomie unter dem Begriff der «Grenznutzentheorie» beschreibt:[3] Kein neues Telefon, kein neues Auto und kaum eine noch so weite Ferienreise stiften noch so viel zusätzlichen Sinn mit Blick auf individuelle Emanzipation wie der Telefonapparat 1948, der VW Käfer 1958 und die Ferien an der Adria 1968. Wirtschaftswachstum ist keine Antwort mehr auf die wesentlichen gesellschaftlichen Herausforderungen. Individueller Konsum ist nur noch bedingt ein Sinnersatz, die Halbwertszeit der Sinnstiftung durch zusätzlichen Konsum nimmt drastisch ab. Technologische Entwicklungssprünge wie der Personal Computer, die Mobiltelefonie oder das Internet verlangsamen diesen Effekt kurzfristig, schaffen ihn jedoch nicht grundsätzlich aus der Welt.

Vor dem Hintergrund der beschriebenen Nachkriegsentwicklung verloren auch die Kirchen zunehmend an gesellschaftlicher Bedeutung und sinnstiftender Kraft. Weshalb sollte am Sonntag zur Kirche gehen, wer plötzlich die Möglichkeit hatte, auf dem Sonntagsausflug im eigenen Auto ein unmittelbares Gefühl von Freiheit und Selbstbestimmtheit zu erleben? Wes-

3 Erstmals beschrieben durch Hermann Heinrich Gossen, durch die sogenannten «Gossenschen Gesetzen». Vgl. Gabler Wirtschaftslexikon: Gossensche Gesetze, http://wirtschaftslexikon.gabler.de/Definition/gossensche-gesetze.html. 3.1.2016.

halb sollte sich jemand in der Kirche engagieren, der unzählige Freizeitangebote zur Wahl hatte? Nicht nur Kirchen, sondern auch traditionelle Vereine und ehrenamtliche Behörden leiden bis heute unter dieser Entwicklung. Für die Kirche bedeutsam ist aber der Umstand, dass ihr das davor irgendwie noch vorhandene Monopol auf Lebensdeutung und Sinnstiftung abhanden kam. Der Umstand, dass viele der von den Menschen als Freiheitsgewinn erfahrenen Entwicklungen von der Kirche moralisch verurteilt wurden, verstärkte dies zusätzlich. Warum sollte moralisch verwerflich sein, was die individuelle Freiheit ausweitete?

Der soziale Druck, der in den früheren Jahrzehnten und Jahrhunderten auch nicht überzeugte Christen zur Teilnahme am kirchlichen Leben gezwungen hatte, fiel spätestens ab den Sechzigerjahren weg. Es war weniger das kirchliche Angebot als vielmehr das Gewicht der Tradition, das den Schein funktionierenden volkskirchlichen Lebens noch eine Weile aufrechterhielt.

1.3 Naturwissenschaft und Technik

Im Verbund mit den wirtschaftlichen Entwicklungen erlebten Naturwissenschaften und Technik im 20. Jahrhundert einen rasanten Aufschwung. Die Naturwissenschaften wagten sich, ebenso die Entstehung des Universums zu erklären wie auch das menschliche Genom zu entschlüsseln. Die Raumfahrt erschloss die Weiten des Sonnensystems, während die Nanotechnologie Teilchen kaum grösser als einzelne Atome formte. Während die Naturwissenschaften die Welt und das Leben immer umfassender erklären konnten, wurden durch die Errungenschaften der Technik die Grenzen des Machbaren immer weiter hinausgeschoben.

Für viele Menschen wurde Gott durch diese Entwicklungen aus der Welt hinauserklärt. Was die Wissenschaft allenfalls noch nicht erklären konnte, war kein übernatürliches Phänomen mehr, sondern ein potenziell verstehbares. Die Religion als Verwalterin der Geheimnisse der unerklärlichen Teile der Welt und des (scheinbar) Übernatürlichen wurde obsolet. Die «Entzauberung der Welt»[4] wurde zum Allgemeingut.

Welt*erklärung* wurde dadurch zu Welt*deutung* und die Definitionsmacht über grundsätzliche Fragen der Welt und des Menschseins verschob sich weg von Kirche, Theologie und Philosophie hin zu den Naturwissenschaftlern und Empirikern der Human- und Sozialwissenschaften. Neuropsychologinnen, Ethno-Anthropologen oder Mediziner beantworten heute Fragen, auf deren exklusiver Beantwortung früher die Kirche und die Philosophie Anspruch erhoben hatten: «Was ist Leben?», «Was ist der Mensch?», «Gibt es den freien Willen?», «Sind die Menschen moralfähig, gut oder böse?»

Das Erklärungs- und Deutungsmonopol im Kontext dieser Fragen ging den Kirchen verloren. Populärwissenschaftliche Fernsehsendungen oder Magazine boten den Menschen geschliffenere und süffigere Erklärungen zu Welt und Menschsein an, als es den meisten Pfarrern und Pfarrerinnen gelingen konnte. Die wissenschaftliche Theologie liess sich viel weniger populär und anschaulich an den Mann und an die Frau bringen als Astronomie oder Biologie. Es war ganz offensichtlich, dass die biblischen Welterklärungen im Vergleich zu den Erkenntnissen der Naturwissenschaften überholt waren. Fundamentalistisch-christliche Strömungen, welche die Schöpfungsgeschichte als gleichwertige Erklärungsoption zur Entstehung der Welt und des Lebens bis heute aufrechterhalten wollen, werden daran nichts ändern.

Eins haben biblizistische Welt*erklärer* und naturwissenschaftliche Welt*deuter* gemeinsam: Die in dieser Formulierung

4 Max Weber in seinem berühmten Vortrag «Wissenschaft als Beruf». In: Weber, Max, Gesammelte Aufsätze zur Wissenschaftslehre. Hg. von Johannes Winckelmann, Tübingen 1988, S. 594.

schon angedeutete und auch von der Kirche über Jahrhunderte unerkannte Vermischung zweier unterschiedlicher Kategorien menschlicher Einsicht: *Erklärung* und *Deutung*.

Solange die Naturwissenschaften – die Wissenschaften überhaupt – noch keinen von der Religion losgelösten Bereich der Erkenntnis mit eigenen, ausdifferenzierten Institutionen waren, oblag es der Kirche, die Welt nicht nur zu *deuten*, sondern auch zu *erklären*. Wenn laut kirchlicher Lehre die Welt flach war, so blieb diese «Wahrheit» (jedenfalls noch lange) bestehen, selbst wenn alle empirische Evidenz dagegensprach.

Dass solche Ansprüche seitens der Religion nicht haltbar sind, ist im Grundsatz heute zum Allgemeingut geworden. Schwierig ist es für einige Christen allenfalls noch da, wo an der Fähigkeit von Jesus gezweifelt wird, tatsächlich über das Wasser des Sees Gennesaret zu schreiten oder andere Wunder zu vollbringen. Noch heikler wird es bei Themen wie der seit den frühen Konzilien zum Bekenntnis erhobenen Tatsache der jungfräulichen Empfängnis oder der leiblichen Auferstehung.

An diesen Beispielen zeigt sich deutlich die Problematik des Versuchs, natürlicher Erscheinungen (oder eben *Nicht*-Erscheinungen/Wunder) durch Religion oder kirchliche Lehre zu erklären. Braucht es einen religiösen Anspruch auf Erklärung naturwissenschaftlich erklärbarer Phänomene? Braucht es einen religiösen Schutz für jahrhundertealte Überlieferungen von «Wundern», die sich entgegen aller naturwissenschaftlichen Evidenz ereignet haben sollen? Braucht Religion, braucht christlicher Glaube Wunder als letztes Refugium dessen, was die Naturwissenschaften nicht erklären können?

Ich denke Nein und vertrete hier die These, dass der Glaube keine naturwissenschaftlich unerklärbaren Wunder braucht, um wahrer Glaube zu sein; genauso wenig, wie er die Entstehung der Welt und des Lebens erklären können muss.

Das *Erklären* ist eben Sache der Naturwissenschaften und der empirischen Human- und Sozialwissenschaften. Das *Deuten* hingegen ist die Sache der Religion, der Philosophie, der Theologie, des Glaubens. Damit sei gleichzeitig auch gesagt, dass der meist bloss implizite Anspruch vieler Naturwissenschaftler, durch Welterklärung die Welt auch gleich zu deuten, und damit die Religion überflüssig zu machen, nicht haltbar ist.

Glaubende Menschen haben sich nicht vor immer weitergehenden Erklärungen des Lebens und des Menschseins zu fürchten. Sie können staunend und interessiert an den Erkenntnissen der Naturwissenschaften teilhaben. Angenommen, die Entstehung menschlichen Lebens könnte naturwissenschaftlich von der Zeugung bis zur vollständigen Verwesung des Körpers lückenlos erklärt werden; die grössten Geheimnisse der kleinsten Zellen wären alle gelüftet. Über die Deutung menschlichen Lebens aber, und darüber, was es heisst, hier und heute ein Mensch zu sein, wäre noch nichts, aber auch gar nichts gesagt. Vielmehr würde sich diese Frage noch radikaler stellen als je zuvor: Was ist der Mensch, dem alle Erkenntnisse erschlossen sind? Es ist zwar kaum vorstellbar, dass es jemals so weit kommen wird. Und doch dringen Menschen in immer tiefere Bereiche der naturwissenschaftlichen und medizinischen Erkenntnis vor.

Deshalb stellt sich die philosophische, psychologische und religiöse Grundfrage heute wie zu jeder Zeit: Was ist der Mensch? Was bedeutet es, hier und jetzt Mensch zu sein, in Beziehung zu anderen Menschen zu stehen, mit den Wechselfällen des Lebens zurechtzukommen – oder eben nicht? Was bedeutet es zu lieben, zu hoffen, sich vor Krankheit und Tod zu ängstigen, mit traumatischen Erinnerungen aus der Kindheit leben zu müssen oder um einen geliebten Menschen zu trauern? Die Erklärung biochemischer Vorgänge im Hirn und in anderen Organen – etwa im Zustand der Trauer – sagt nichts aus über die Trauer als urmenschliche Empfindung und schon gar nichts darüber, wie ein Mensch mit Trauer leben und sie allenfalls überwinden kann. Selbst wenn Trauer medikamentös vollständig beseitigt – «entsorgt» – werden könnte, wäre noch nichts darüber gesagt, was es bedeutet, Mensch zu sein in einer Welt, die solches möglich macht!

Religion, christlicher Glaube gibt Antworten auf diese Fragen oder deutet die Fragen so, dass sie einen Menschen nicht am Leben hindern, sondern ihm Leben ermöglichen. Der Glaube tut dies nicht mit der Präzision naturwissenschaftlicher Erklärungen. Viele Fragen werden immer unbeantwortet bleiben. Insbesondere ist die Bibel keine technische Gebrauchsanleitung für die Bewältigung menschlichen Lebens. Sie stellt Deutungsoptionen zur Verfügung, die im Horizont des Glaubens menschliches Leben ermöglichen und darin Scheitern und Gelingen zu integrieren versuchen.

Gegenüber Naturwissenschaft und Technik braucht der Glaube keinen einzigen Erklärungsanspruch zu verteidigen. Er muss weder die Welt und das Leben erklären, noch versuchen, die wissenschaftliche Wahrheit überlieferter oder in heutiger Zeit erlebter Wunder zu verteidigen.

Glaube muss dazu beitragen, natürlich bedingtes Menschsein angesichts des – im religiösen Empfinden geahnten – Unbedingten zu deuten, und trägt dadurch zu einem erfüllten menschlichen Leben bei. Gleichzeitig sollen Glaubende sich gegen angebliche Deutungsversuche der Naturwissenschaften ebenso verwahren wie dagegen, dass Deutung durch Erklärung überhaupt überflüssig werde.

Hierin liegen grosse Chancen und grosse Aufgaben kirchlicher Verkündigung, kirchlicher Seelsorge und Diakonie: Indem sie menschliches Leben im Horizont des Glaubens deuten (und nicht erklären), tragen sie zu dessen ganzheitlicher Wahrnehmung und bewusster Gestaltung bei.

1.4 Theologie und kirchliche Verkündigung

In den vergangenen rund hundert Jahren hat auch die Theologie als Wissenschaft eine enorme Entwicklung erfahren.

Die historische Kritik als Methode wissenschaftlicher Lektüre der Bibel setzte sich mehrheitlich durch. Das Wort Gottes in Gestalt menschlicher Wörter und menschlicher Überlieferungen wurde zum Objekt wissenschaftlichen Interesses.

Die Hermeneutik als Wissenschaft des Verstehens von Texten reflektiert den *Zugang zu* sowie die *Auslegung von* Texten und ist dergestalt ein zentrales Element der Theologie als aufgeklärter Selbstreflexion des Glaubens. Sie sorgt dafür, dass nicht nur der Text zum Objekt wissenschaftlichen Interesses wird, sondern der Prozess der Aneignung des Textes selbst.

Die *Dialektische Theologie* der Nachkriegszeit kann als einer der Höhepunkte *kirchlicher Theologie* des 20. Jahrhunderts verstanden werden. In der Folge aber scheint sich die Kirchlichkeit akademischer Theologie abgeschwächt zu haben. Die systematische Theologie bemüht sich oft mehr um Anschlussfähigkeit an philosophische Diskurse als um die Frage, wie ihre Arbeiten der kirchlichen Verkündigung oder dem kirchlichen Leben Impulse verleihen können.

Diese Entwicklung hat – ganz grob gesagt – zu einer Entfremdung zwischen akademischer Theologie und kirchlicher Verkündigung geführt, die heute viele Pfarrerinnen und Pfarrer «theologisch unterernährt» zurücklässt. Ich spitze bewusst und vereinfachend zu und lege mein Augenmerk auf kritische Aspekte. Die folgenden Zeilen dürfen deshalb nicht als pauschale Kolleginnen- und Kollegenschelte missverstanden werden. Was kritisch angemerkt wird, hat immer auch einen selbstkritischen Aspekt und verkennt in keiner Art und Weise die wertvolle und segensreiche Arbeit, die landauf, landab von Pfarrerinnen und Pfarrern geleistet wird.

In den ersten Jahrzehnten des 20. Jahrhunderts, als die historische Kritik längst zum akademischen Standard geworden war, mussten Jugendliche im Konfirmandenunterricht immer noch unter Androhung von Strafe den Heidelberger Katechismus auswendig lernen. Der Sinn des Katechismus, den er im 16., 17. und möglicherweise noch in Teilen des 18. Jahrhunderts durchaus noch erfüllen konnte, nämlich die Erziehung zu religiöser Mündigkeit, wurde damit ad absurdum geführt.

In den Fünfziger- und Sechzigerjahren, als es zum guten Ton gehörte, dass Barths monumentale «Kirchliche Dogmatik» das pfarrherrliche Studierzimmer schmückte, mag im Pfarramt noch ein gewisser Anspruch vorhanden gewesen sein, den theologischen Debatten der akademischen Theologie zu folgen. Doch die Predigten, die inspiriert von diesen Debatten, entstanden, vermochten wohl nur ein elitär-bildungsbürgerlich geprägtes Publikum zu erreichen. Bildungsfernere Bevölkerungsschichten, für die der soziale Druck zur Teilnahme am kirchlichen Leben geschwunden war, konnten durch solche Verkündigung nicht mehr erreicht werden.

An diesem Umstand haben auch die durchaus wissenschaftlich untermauerten perspektivischen Zugänge zur Lektüre der biblischen Texte nicht grundsätzlich etwas verändern können: Befreiungstheologie oder feministische Theologie zum Beispiel haben in theologischen Diskursen und einzelnen Gemeinden und Personengruppen sehr viel bewegt. In der Breite der schweizerischen Landes- und Kantonalkirchen jedoch haben sich auch ihre Einsichten nur partiell und in besonders interessierten Kreisen bemerkbar gemacht.

Spätestens um die Wende vom 20. zum 21. Jahrhundert wurde es wohl für eine zunehmende Zahl von Pfarrerinnen und Pfarrern schwierig, den akademisch-theologischen Diskursen noch in einer Art und Weise zu folgen, dass daraus Inspiration für die kirchliche Verkündigung erwachsen konnte. Allein schon der zeitliche Anspruch und der Termindruck der pfarramtlichen Tätigkeiten dürfte für viele zur fast unüberwindbaren Hürde geworden sein. Theologische Lektüre und intellektuell allzu herausfordernde theologische Weiterbildung mussten Angeboten weichen, welche die Belastungen des Gemeindealltags kompensieren konnten oder zu bewältigen halfen.

Die Folge dieser Entwicklung ist – wiederum grob gesagt –, dass noch nicht einmal die Einsichten der historischen Kritik wirklich in der Verkündigung und im Glauben der Menschen Einzug gehalten haben. Nur so lässt sich verstehen, weshalb es für viele Gläubige heute noch so schwierig ist, etwa die (im naturwissenschaftlichen Sinne) jungfräuliche Zeugung und Geburt von Jesus als irrelevant für den Kerngehalt ihres Glaubens zu bezeichnen. Menschen, die Kirche und Glauben den Rücken kehren, tun dies oft mit dem Hinweis darauf, dass sie mit Kinder- oder Wunderglaube nichts anfangen können. Auch sie haben offensichtlich kaum noch etwas von den Ergebnissen der theologischen Forschung gehört. Viele Menschen konnten von unserer Katechese und unserer kirchlichen Verkündigung nie über den Stand eines kindlichen Glaubens hinausgeführt werden. Dass dieser Glaube – und damit die Kirche als Institution – ihnen im Erwachsenenalter als irrelevant und bedeutungslos erscheint, erstaunt deshalb nicht.

Die Schwierigkeit vieler Pfarrerinnen und Pfarrer, zentrale Inhalte und Lehren des Glaubens wie die Christologie oder die Soteriologie theologisch reflektiert und dennoch leicht verständlich in Religionsunterricht und Verkündigung einzubringen, darf keinesfalls ihrem angeblichen Unvermögen angelastet werden. Sie hat mit der erwähnten, sich öffnenden Schere zwischen akademischer Theologie und kirchlicher Verkündigung zu tun. Sowohl junge Theologinnen und Theologen als auch etablierte Pfarrerinnen und Pfarrer erhalten von der Akademie zu wenig Rüstzeug, um diesen Botendienst zwischen wissenschaftlich-theologischer Reflexion und dem mündigen Glauben des einzelnen Gemeindemitglieds zu leisten. Gleichzeitig lässt ihnen der kirchliche Alltagsbetrieb zu wenig Zeit und Antrieb, sich vertieft und mit Blick auf Unterricht und Verkündigung, mit den relevanten Fragen des Glaubens theologisch auseinanderzusetzen. Wie sollen sie mit dem nötigen theologischen Tiefgang Jugendlichen von Gnade, Hoffnung, Trost oder christlicher Nächstenliebe erzählen? Was bedeuten die Auferstehung von Jesus Christus oder die Ausgiessung des Geistes an Pfingsten für Menschen von heute? Was ist von der Paradiesgeschichte, dem Auszug Israels aus Ägypten, dem Psalm 23, den Evangelien oder dem Römerbrief zu halten, und was haben diese Texte den Menschen heute zu sagen?

Katechese und Kasualpredigten verlieren sich nicht selten in allgemeinen Themen der Lebensbewältigung, beziehen sich auf Literatur, Kunst und Philosophie und bleiben bezüglich der Kerngehalte des christlichen Glaubens weitgehend inhaltsleer. Auf der anderen Seite des Spektrums steht buchstabentreue Predigt freikirchlicher Couleur. An beiden Polen bleibt kirchen- und glaubenskritischen Zeitgenossinnen und Zeitgenossen die Wahl zwischen frommem Denkabbruch und einem Sinn- und Deutungsangebot, das genauso gut von einer philosophisch und kulturell gebildeten, sozial kompetenten Person stammen könnte, als von einer Pfarrerin oder einem Pfarrer. Auf beide Arten macht sich die Landeskirche zunehmend ersetzbar: Buchstabenglaube wird in freikirchlichen Gruppierungen gelebt und philosophisch-literarische Essays oder allgemeinmenschliche Ausführungen zu den Wechselfällen des Lebens müssen nicht von einer Pfarrerin oder einem Pfarrer stammen.

Bis vor Kurzem hatte äusserliche eine traditionelle Kirchlichkeit Bestand: die Kirche taufte die allermeisten Kinder ihrer Mitglieder. Diese besuchten auch tatsächlich den Unterricht und liessen sich konfirmieren. Sie heirateten in der Kirche und wenn sie sterben sollten, wünschten sie eine kirchliche Abdankung. Die Tradition im Sinne der kulturellen Beheimatung zu bestimmten Anlässen hielt die Menschen noch einige Jahre oder Jahrzehnte länger bei der Kirche als das Sinn- und Deutungsangebot oder der soziale Druck: Kirchliche Feiern im Lauf des Lebens (von der Taufe bis zur Beerdigung) und Feiern im Lauf des Jahres (mit Heiligabend als letzter Bastion) waren als Fassade des Volkskirchentums stehengeblieben. Doch heute bröckelt auch diese Fassade: Taufe und Konfirmation der Kinder verlieren für viele Eltern an Bedeutung. Sie wollen es ihren Nachkommen offenlassen, wie sie sich zu Kirche und Religion stellen. Für Hochzeiten ist die Kirche längst nicht mehr die einzige Anbieterin von Festlichkeit und Romantik. Die Bestattungsfeier durch freie Redner oder Ritualbegleiterinnen ist weit verbreitet.

Die Herausforderung für die Kirche und ihre Repräsentantinnen und Repräsentanten besteht heute darin, in Anbetracht dieser Entwicklungen weder zu resignieren noch zu kapitulieren. Das Rad der Zeit lässt sich nicht zurückdrehen: Die Kirche wird nie mehr die einzige Anbieterin von Sinn- und Deutungsoptionen des Lebens und der Welt sein. Den sozialen Druck, der die Menschen während Jahrhunderten zur Teilnahme am kirchlichen Leben zwang, wünscht sich ausserdem niemand zurück. Kirchliches Leben als traditionelle Fassade hat nicht mehr lange Bestand, und der Versuch des Wiederaufbaus ist von vornherein aussichtslos. Die Chance unserer Zeit besteht darin, den Glauben von seinem Kern her, unverwechselbar und verständlich zu reformulieren. Das bedeutet auch eine Reform der kirchlichen Verkündigung, die weder auf ein Monopol noch auf sozialen Druck noch auf den Schein der traditionellen Fassade angewiesen ist. Der Begriff der Verkündigung schliesst in diesem Zusammenhang eine im wahrsten Sinne ansprechende gottesdienstliche Verkündigung ein, geht aber weit darüber hinaus und umfasst ganz generell die Art und Weise, wie die Botschaft des Glaubens – durch die Kirche vermittelt – in der Gesellschaft wahrgenommen wird. Die Feier der Reformation um das Jahr 2017 ist für die Reformulierung der prädestinierte Zeitpunkt, nicht nur weil dann die öffentliche Aufmerksamkeit verstärkt auf die Kirchen der Reformation gerichtet sein wird, sondern auch und vor allem deshalb, weil die Feier eines historischen Ereignisses ohne konstruktive, innovative und kritische Selbstvergewisserung letztlich überflüssig wäre.

Die folgenden Kapitel möchten einen Beitrag zu dieser Selbstvergewisserung evangelisch-reformierten Kircheseins leisten. Sie laden Leserinnen und Leser dazu ein, sich an der Reformulierung des Glaubens zustimmend oder kritisch zu beteiligen und auf eine Reform der kirchlichen Verkündigung hinzuarbeiten.

2. Reformation feiern

Drei Fragen bilden das Gerüst dieses Kapitels: Weshalb soll die Reformation überhaupt gefeiert werden? Wie soll die Reformation gefeiert werden? Weshalb soll die Feier der Reformation Anlass zu Reformulierung des Glaubens und zu Reform der kirchlichen Verkündigung geben? Diesen drei Fragen sind die folgenden drei Abschnitte gewidmet.

2.1 Weshalb Reformation feiern?

Wenn sich Jahrzehnte oder Jahrhunderte seit einer Geburt, einem Anfang oder einem anderen wichtigen Ereignis füllen, dann fühlen Menschen sich aufgefordert zu feiern: es ist ihnen ein Bedürfnis, im Zeitenlauf eine Zäsur zu setzen, welche die Bedeutung des Gefeierten in Erinnerung ruft. Nicht anders geht es uns mit der Reformation, deren geschichtlicher Ursprung sich im Zeitraum zwischen 2017 und den 2030-er Jahren zum fünfhundertsten Mal jährt. Wir wollen feiern. Aber was genau gibt es denn zu feiern? Kardinal Kurt Koch etwa, der ehemalige Bischof von Basel und Ökumenebeauftragte des Vatikans, hat die Reformation wiederholt als «gescheitert» bezeichnet: Martin Luther habe nicht die umfassende Reform der Kirche erreicht, die er ursprünglich angestrebt habe, und die Reformation habe zur bis heute bestehenden Kirchenspaltung geführt.[5] Da gibt es offenbar also nichts zu feiern, höchstens zu gedenken.

Auch wenn uns Protestanten eine solche Aussage ärgert, so muss sie doch zu denken geben: Was genau feiern wir, wenn wir nicht – mit einer konfessionellen Spitze gegen die heutige katholische Schwesterkirche – nur der historischen Kirchenspaltung gedenken wollen?

5 So etwa am internationalen Kongress zum Reformationsjubiläum 2017 am 8. Oktober 2013 im Rahmen seiner Ansprache in der Kirche St. Peter, Zürich.

Die Reformation war in der Tat keine feierliche Kirchengründung, sondern eine Zeit der Wirren, des Streits und des Kampfes, gar der Gewalt. Nicht einmal die Reformatoren untereinander konnten sich einigen und zerstritten sich über das Verständnis des Abendmahls. Es dauerte fast 500 Jahre, bis zum Ende des 20. Jahrhunderts, bis diese Spaltungen innerhalb der Kirchen der Reformation im Rahmen der Leuenberger Konkordie einigermassen überwunden werden konnten.

Was und weshalb soll also gefeiert werden? Die Reformation überwand eine spätmittelalterliche Kirchlichkeit, welche die Menschen in unmündiger Abhängigkeit halten wollte. Die Kirche hielt daran fest, die einzige Verwalterin und Vermittlerin des Heils zu sein und verkaufte den Gläubigen den Schulderlass gegen Bares. An dieser Praxis des Ablasshandels entzündete sich deshalb auch die Reformation Luthers; seine 95 Thesen setzen sich hauptsächlich mit diesem Thema auseinander. «Reformation feiern» bedeutet zwar, jene Kirchlichkeit überwunden zu haben, aber es bedeutet nicht, die heutige reformierte Kirche[6] in Abgrenzung zur heutigen katholischen Kirche zu feiern. Die mittelalterliche Kirche ist unsere gemeinsame Vergangenheit, die hüben und drüben in weiter historischer Ferne liegt. Zugespitzt sind es zwei wesentliche Gründe, weshalb das Jubiläum der Reformation gefeiert werden soll:

- Die Reformation überwand eine Kirche, die den Fokus auf das Evangelium verloren hatte und zum monopolistischen Heilsvermittlungs- und Machtapparat geworden war.
- Die Reformation lenkte die Aufmerksamkeit auf die Gemeinde (im Unterschied zur durch die Träger der apostolischen Sukzession repräsentierten Kirche) sowie auf den einzelnen Menschen als Gläubigen. Durch das gemeinsame Hören auf das Evangelium und den Empfang der Sakra-

6 Damit sind generell alle Kirchen der reformatorischen Tradition gemeint, nicht nur die im engeren Sinn als «reformiert» bezeichneten Kirchen.

mente sollten die Menschen – nicht durch Leistung und Zahlungen, sondern «allein aus Gnade» – zu mündigem, vor Gott verantwortetem Glauben kommen.

Gemessen an den Herausforderungen und Chancen der Kirche unserer Zeit wird nun deutlich, weshalb es heute tatsächlich viel zu feiern gibt: Wir feiern eine Kirche, der es nicht um die eigenen Strukturen, die eigene Macht und das Geld geht, sondern eine Kirche, die das Zeugnis des Evangeliums ins Zentrum stellt, das – den Menschen zum Heil – mündigen Glauben schafft und zum Leben in der Gemeinschaft ermuntert und befreit. Eine solche Feier muss selbstverständlich auch Antwort auf die Herausforderungen unserer Zeit sein. Zu ihr gehört, selbstkritisch zu sein, was die sichtbare, institutionalisierte Kirche angeht: Eine Kirche, die um gesellschaftliche Bedeutung, Geld und Einfluss zittert und dabei den Fokus auf das Evangelium verlieren kann. Zur Feier gehören aber Hoffnung und Zuversicht mit Blick auf die unsichtbare Kirche als Gemeinschaft aller Glaubenden, die von Hoffnung erfüllt sind und in der Nachfolge von Jesus die Nächstenliebe leben.

Mit einem Augenzwinkern könnte Kardinal Koch entgegnet werden: Die Feier des Reformationsjubiläums ist selbstkritisch mit Blick auf die «reformierte Kirche» als Institution und hoffnungsvoll mit Blick auf die «katholische Kirche» im Sinne der allumfassenden Gemeinschaft der Glaubenden in Christus – jenseits kircheninstitutioneller Differenzen: Die Feier der Reformation ignoriert die institutionellen Grenzen der so genannt «reformierten» oder «katholischen» Kirchen. Reformierte Kirche ist da katholisch, wo das Zeugnis des Glaubens aus dem Evangelium lebt. Katholische Kirche ist da reformiert, wo sie sich aus diesem Glauben stets erneuert.[7]

7 Vgl. dazu auch das Kapitel «Katholizität ist ein Wesensmerkmal der Kirche» in: Kundert, Lukas, Die evangelisch-reformierte Kirche. Grundlagen für eine Schweizer Ekklesiologie, Zürich 2014, S. 27–48.

In diesem Sinne ist die Feier der Reformation eine Chance zu ökumenischer Offenheit und zu gegenseitigem Lernen und Wachsen im Glauben. Sie muss weder als konfessionell abgrenzende «Gründungs-Erinnerungsfeier» noch als sorgenvoll zu gedenkende Kirchenspaltung missverstanden, sondern darf als Fest des Evangeliums, der guten Botschaft für die Menschen, über konfessionelle Grenzen hinweg gefeiert werden.

2.2 Wie Reformation feiern?

Die Schlussbemerkungen des letzten Abschnitts machen unmissverständlich klar, dass das Reformationsjubiläums im ökumenischen Geist zu feiern ist. Selbstverständlich ist es die Aufgabe der Kirchen der reformatorischen Tradition, diese Feier zu moderieren. Doch gefeiert wird wie gesagt nicht die Gründung einer Institution, sondern die gute Botschaft des Evangeliums, welche die Kraft hat, eine selbstgefällige Kirche immer wieder zu erneuern und den Menschen den Glauben und das Heil auf immer wieder neue Weise zu bezeugen. Dazu sind alle Menschen eingeladen.

Damit ist auch gesagt, dass das Reformationsjubiläum nicht als Gedächtnisfeier an ganz bestimmte historische Ereignisse zu begehen ist. Es spielt eine völlig untergeordnete Rolle, was genau wann geschehen ist: Ob der Thesenanschlag Luthers überhaupt und auch tatsächlich am 31. Oktober 1517 stattgefunden hat. Ob die Reformation in Zürich 1519 beginnt, als Zwingli als Leutpriester nach Zürich berufen wurde oder erst 1523–24, den Jahren der grossen Zürcher Disputationen. Ob der Aargau tatsächlich Grund zum Feiern hat, wenn sich die von Bern im heutigen Berner Aargau dekretierte Reformation 2029 zum 500. Mal jährt.

Zu feiern gibt es den massiven Aufschwung einer Bewegung vor rund fünfhundert Jahren, die ihre Wurzeln bei älteren Kirchenreformern wie Franziskus von Assisi, John Wyclif oder Jan

Hus hatte, und die diesseits und jenseits institutioneller Grenzen bis in die heutige Zeit hineinwirkt. Dieser Bewegung geht es weniger um den Erhalt von Institutionen als um das Heil der Menschen: Trost, Hoffnung, Gerechtigkeit, Versöhnung, Frieden und Freiheit aus dem Glauben.

Die Kirchen im institutionellen Sinn haben es mit dem Paradox zu tun, dass sie für eine Bewegung stehen, die per Definition macht- und institutionenkritisch ist. Mit diesem Paradox liesse es sich leichter leben in einer Zeit, in der die Institution selbst von der Gesellschaft kaum infrage gestellt würde. Die damit verbundene Herausforderung wäre allerdings nicht kleiner, im Gegenteil. Dieses Paradox kommt jedoch heute sehr deutlich zum Tragen, da die Institution, ihre Bedeutung und ihre Legitimation in der gegenwärtigen Form gesellschaftlich zunehmend infrage gestellt werden. Der harte Fakt ist: Die Kritik an unserer Institution wird von aussen an uns herangetragen. Der eigene Anspruch ist eine *ecclesia semper reformanda* zu sein, also eine intrinsisch – d. h. schon von ihrem Selbstverständnis her – institutionenkritische Institution. Dies zu feiern braucht Mut und Vertrauen in das Evangelium, das der Ursprung des Kircheseins überhaupt ist. Dies nicht zu feiern, bedeutete am eigenen Anspruch zu versagen, bedeutete: versteinerte Reformation.

2.3 Warum gibt die Feier der Reformation Anlass zu Reformulierung des Glaubens und zu Reform der kirchlichen Verkündigung?

Es liegt nun auf der Hand, dass zum Reformationsjubiläum nicht die Institution Kirche gefeiert wird, sondern das, wofür sie steht. Dies wiederum wird nicht gefeiert, indem alte Bibeln, Bekenntnisse und Lehrtexte in Faksimile neu aufgelegt werden. Es wird gefeiert, indem der Lebendigkeit des Evangeliums Raum verschafft wird. Das bedeutet zwar durchaus Rückbesinnung auf die Ursprünge, aber nicht auf die Reformation als historisches Ereignis, sondern auf das, worauf sie hinzuweisen trachtete: Das Evangelium von Jesus Christus. Aus dem Zeugnis, aus der Verkündigung dieses Evangeliums erwächst der Glaube. Im Kontext unserer Zeit wurde dies wie gesagt zu einer immer grösseren Herausforderung: Die Kirche hat kein Monopol bezüglich Sinnstiftung mehr, der soziale Druck, am kirchlichen Leben teilzunehmen, existiert nicht mehr und die Fassade der Tradition bröckelt. Gleichzeitig werden die Sprache der akademischen Theologie in der Kirche und die Sprache der kirchlichen Verkündigung in der Gesellschaft immer schlechter verstanden.

Die Reformation zu feiern muss deshalb Reformulierung des Glaubens bedeuten: theologisch fundiert und wirksam als Reform der kirchlichen Verkündigung, welche die Menschen von heute mit der Kraft der Guten Botschaft von Jesus Christus berührt, tröstet, sie mit Hoffnung erfüllt und zu Taten der Liebe inspiriert. Den Zürcher Übersetzern um Zwingli und Luther auf der Wartburg bei Eisenach ging es um die Übertragung der Bibel aus den Ursprachen ins Deutsche, damit ihr Text von den Menschen in ihrer eigenen Sprache verstanden werden könne. Uns heute muss es darum gehen, dass die Botschaft des Evangeliums *überhaupt* verstanden werden kann. Dennoch gilt, was Luther in seinem *Sendbrief vom Dolmetschen* formulierte: «Man muss die Mutter im Hause, die Kinder auf der Gassen, den gemeinen Mann auf dem Markt drum fragen und denselbigen auf das Maul sehen, wie sie reden, und darnach dolmetschen; da verstehen sie es denn und merken, dass man deutsch mit ihnen redet.»

Auch wenn in der Kirche des deutschen Sprachraums heute Deutsch gesprochen und geschrieben wird, so sind doch sowohl die theologisch fundierte Rede über den Glauben als auch die kirchliche Verkündigung oft in einer Art Kirchenlatein erstarrt, das von den Menschen unserer Zeit kaum noch verstanden wird.[8] Um diesen Zustand zu überwinden ist noch einiges an Arbeit vonnöten: Arbeit, die im Rahmen einer Bewegung vieler Menschen über etliche Jahre geleistet werden kann und muss. Diese Arbeit tut not. Das Jubiläum und die Reformationsfeiern bieten eine für unsere Zeit einmalige Möglichkeit, diesen Effort zu leisten.

8 Hubertus Halbfas macht vehement auf den Umstand aufmerksam, dass die theologische Sprache und die liturgische Praxis formelhaft erstarrt sind und teilweise eher Glaubenshindernisse darstellen. Vgl. unter anderem: Halbfas, Hubertus, Religiöse Sprachlehre. Theorie und Praxis, Ostfildern 2012. Ebenfalls: Halbfas, Hubertus, Glaubensverlust, Ostfildern 2011, S. 31 ff. und 39 ff.

3. Reformulierter Glaube

Eine Reformulierung des Glaubens ist – 500 Jahre später – notwendig, damit seine Kerngehalte auch von den Menschen unserer Zeit verstanden werden können. Eine jüngst von der Kirchenzeitung *reformiert.* durchgeführte Umfrage unter Passanten mit der Frage, was sie unter «Gnade» verstünden, zeigte ein ernüchterndes Resultat.[9]

Hilflos erscheinen Debatten christlicher Volksparteien über das «christlich» in ihrem Parteinamen. Kaum jemand kann noch formulieren, was denn «spezifisch christlich» ist. Einerseits hält man sich aus politischer Korrektheit zurück, um sich ja nicht dem Vorwurf auszusetzen, das Christentum als besser darzustellen als andere Religionen. Andererseits aber ist gewiss auch ein «christlicher Analphabetismus» dafür verantwortlich, dass sich auch durchaus gebildete Menschen in Allgemeinplätzen verlieren, wenn es um die Bezeichnung dessen geht, was das Christentum spezifisch auszeichnet.

Die folgenden Abschnitte werden dieses Defizit nicht überwinden können. Die Ausführungen über eine Auswahl von Kernthemen des christlichen Glaubens sollen aber immerhin zu Zustimmung und Widerspruch, insgesamt aber zum Weiterdenken anregen, wie theologisch fundiert und allgemein verständlich vom Glauben gesprochen werden kann.

Während sich in der Folge die Abschnitte 3.5 bis 3.8 mit den klassischen vier reformatorischen *soli* befassen werden (*solus Christus*, *sola gratia*, *sola fide*, *sola scriptura*), stehen die Abschnitte 3.1 und 3.2 wie Präambeln davor. Sie befassen sich mit dem Ursprung menschlicher Freiheit und mit der Quelle von Trost

9 Kramm, Reinhard und Ruoff, Annegret, Dossier «Gnade». In: reformiert. Nr. 4, 2013, S. 5–8.

und Halt im Leben. Sie zeigen skizzenhaft Konturen einer evangelischen Anthropologie auf.

3.1 Gott glaubt an dich. Du bist frei!

Gott glaubt an dich. Du bist frei! Diese zwei kurzen Sätze geben den nachfolgenden Ausführungen die Richtung vor. Inspiriert wurden sie von der Suche nach einem Motto für das Reformationsjubiläum in der Schweiz: Der Versuch, die wesentliche Aussage evangelisch-reformierten Glaubens für heutige Menschen in eine knappe Formel zu giessen. Reformulierung des Glaubens in seiner prägnantesten Form.

Der Präsident des Schweizerischen Evangelischen Kirchenbundes SEK, Gottfried Locher, hatte den Satz *Wer glaubt, ist frei* vorgeschlagen. Mir erschien dieser Satz zwar theologisch korrekt, aber zu distanziert. Da spricht jemand über etwas, von dem er selbst gar nicht so sehr betroffen sein muss. Oder es spricht jemand von der Kanzel herab in den Kirchenraum hinaus. Und die Blicke der Zuhörenden schweifen verhohlen nach links und rechts, und sie suchen diejenigen, die nun zu denen gehören, die Kraft ihres Glaubens frei sind. Glaube ist dann ein Erfordernis, eine Bedingung, die erfüllt werden muss, gar eine Leistung, die erbracht werden muss, damit man frei sein kann.

Ich zweifle keine Sekunde, dass Gottfried Locher genau das nicht gemeint hat. Glaube ist gewiss auch aus seiner Sicht keine Leistung, keine Bedingung für die dann gewissermassen als Gegenleistung zu empfangende Freiheit. Und doch, wenn ich mich als hypothetisch Nichtglaubender in die Kirche setze, in der dieser Satz von der Kanzel ertönt, dann denke ich: Ich erfahre mich eigentlich als frei. Jedenfalls freier als gewisse «Frömmler». Ich bin ausserdem frei, diesen Satz für mich gelten zu lassen oder nicht. Dieser Satz betrifft mich gar nicht, er verfehlt mich. Ich bin nicht angesprochen.

Jedenfalls liess es mich nicht mehr los und ich habe mich weiter mit dem von Locher vorgeschlagenen Motto beschäftigt. Wie kann ich einen Satz formulieren, in den ich mich als Sprecher, gar als Bekennender einbringe, ohne von mir selbst zu reden? Wie erreiche ich Menschen, auch Nichtglaubende, ohne sie zu vereinnahmen oder von ihnen etwas zu fordern?

Und plötzlich wurde mir wieder bewusst: Der Glaube Gottes an die Menschen geht dem Glauben der Menschen an Gott voraus, genauso wie die Liebe.[10] Tatsächlich hat Gott in der Bibel immer an die Menschen geglaubt, seit sie das Paradies verloren haben. Alttestamentliche Berichte wie der Auszug aus Ägypten oder die Rückkehr nach dem Babylonischen Exil, die Evangelien, die Berichte vom Leben, vom Tod und der Auferstehung von Jesus Christus bezeugen den nie endenden Glauben Gottes an die Menschen. Selbstverständlich ist der Glaube Gottes an die Menschen anders als der menschliche Glaube an Gott. Er ist vergleichbar mit dem Glauben guter Eltern an ihre Kinder.[11] Dazu gehört Liebe: vorbehaltlose Liebe, die Enttäuschungen und Streit überdauert, die auch im Moment der Wut und des Zorns letztlich voll trägt. Dazu gehört Vertrauen, dass die Beziehung hält, selbst über zeitliche und räumliche Distanz. Dazu gehört Hoffnung darauf, dass das Kind es schaffen, sein Leben meistern wird. Dazu gehört letztlich Hingabe, die alles fallen lässt, um dem in Not geratenen Kind zu Hilfe zu eilen, wo und wann immer es nötig ist.

Die Geschichten der Bibel berichten sowohl im Alten als auch im Neuen Testament davon, dass Gott an die Menschen glaubt, obwohl er genug Gründe hätte, sich frustriert von ihnen abzuwenden. Er tut es, bevor sie an ihn glauben, und er tut es, nachdem sie sich vom Glauben abgewandt haben. Nie ist der menschliche Glaube Bedingung für die Zuwendung Gottes.

10 Vgl. 1. Johannesbrief 4,10 f.
11 Vgl. Lukas 15,11–32: Die Geschichte vom verlorenen Sohn.

Die Zuwendung Gottes ist da, der menschliche Glaube – wie auch die Abwendung von Gott – ist die freie Antwort darauf.

Deshalb: *Gott glaubt an dich.* Damit spreche ich ein Bekenntnis. Ich bekenne mich zu den Geschichten, die genau davon erzählen. Ich bekenne mich dazu, dass ich selbst an Gott glaube und daran, dass ich über ihn eine Aussage machen kann. Gleichzeitig spreche ich aber nicht von mir. Ich spreche mein Gegenüber an, ohne ihn zu vereinnahmen. Der Satz betrifft ihn, ist eine Aussage über ein von mir geglaubtes und behauptetes Geschehen, das ihn einschliesst. Doch die angesprochene Person ist *frei*, diese Aussage nachzuvollziehen oder nicht. Damit ist die Brücke zum zweiten Satz geschlagen: *Du bist frei!* Diese Aussage beinhaltet einerseits, dass der angesprochene Mensch frei ist, gerade weil Gott an ihn glaubt. Andererseits bedeutet es wie erwähnt auch, dass jede und jeder frei ist, das für sich anzunehmen oder nicht.

Am Anfang des Verhältnisses zwischen Gott und den Menschen stehen diese zwei Dinge: der Glaube Gottes an den Menschen und die Freiheit des Menschen. Die Geschichte vom Verlust des Paradieses zum Beispiel berichtet genau davon. Wenn nämlich Gott den Glauben an die Menschen verloren hätte, nachdem die beiden Ureltern von der Frucht der Erkenntnis gekostet hatten, dann wäre die Geschichte gleich hier zu Ende gewesen. Doch Gott, nach einer langen Fluch- und Schimpftirade,[12] sorgt sich als erstes, wie Eltern es tun, um das Wohl von Adam und Eva, die gerade erst bemerkt haben, dass sie nackt sind: «Und der HERR, Gott, machte dem Menschen und seiner Frau Röcke aus Fell und legte sie ihnen um.»[13]

Obwohl fürchterlich verärgert, will Gott die beiden nicht schutzlos ziehen lassen, denn er weiss, wie viel Gefahren, Mühsal und Anstrengung die Freiheit ausserhalb der Mauern des

12 Genesis 3,14–19.

13 Genesis 3,21.

Paradieses mit sich bringt. Die Menschen sind nun frei. Doch Gott glaubt an sie und ist bereit, sich auf einen langen Weg mit ihnen zu machen. Damit fängt die Geschichte von Gott und den Menschen an. Es ist die Geschichte einer Beziehung in Freiheit. Die Einsicht in Gut und Böse eröffnet den Menschen potenzielle oder tatsächliche Freiheit: Freiheit von Bevormundung, von göttlicher Fernsteuerung, schicksalhafter Vorherbestimmung und so weiter. Ich nenne diese Freiheit *Freiheit von*. Sie ist vergleichbar mit der Freiheit, die junge Menschen erleben, wenn sie sich vom Elternhaus emanzipieren.

Die Einsicht in Gut und Böse eröffnet den Menschen allerdings nicht nur die Möglichkeit, Ereignisse als gut oder böse zu deuten, sondern auch tatsächlich gut oder böse zu handeln. Der Aspekt des *bewussten* Handelns implantiert gewissermassen die Erkenntnis von Gut und Böse in die Handlung und verleiht ihr die entsprechende Qualität. Jede menschliche Handlung wird begleitet von der Fähigkeit des Handelnden, seine Handlung zu deuten oder ihr schon im Voraus eine Bedeutung zu geben: zum Guten oder zum Bösen. Ich nenne diese Freiheit *Freiheit zu*.

Gott glaubt an dich. Du bist frei! Diese evangelische Botschaft ist aktueller denn je. Sie spricht die Menschen so an, wie sie sich subjektiv – vielleicht sogar nur vordergründig – erfahren: als frei. Wenn sie sich darauf einlassen, was es tatsächlich bedeutet, von Gott geliebt zu werden, den «Glauben Gottes» annehmen zu dürfen, dann werden sie diese Freiheit neu entdecken. Es ist die Freiheit, sich ganz dem menschlichen Leben zu widmen. Es ist die Freiheit *zum* Leben. Damit ist nicht die Freiheit *von* allen Arten von störenden Einschränkungen wie moralischen Verpflichtungen und sozialen Verbindlichkeiten gemeint, die mich daran hindern, mich ohne Rücksicht auf andere selbst zu verwirklichen. Paulus bringt es im Brief an die Galater (Gal 5,13) auf den Punkt: «Denn zur Freiheit seid ihr berufen worden, liebe Brüder und Schwestern. Auf eins jedoch gebt acht: dass die

Freiheit nicht zu einem Vorwand für die Selbstsucht werde, sondern dient einander in der Liebe.» Eine solche, auf das eigene Selbst fixierte Freiheit wäre ein Missverständnis. Sie würde sich die Option einer Freiheit zum Bösen vorbehalten. Die Rationalität dieses Lebens wäre die Rationalität des Eigennutzes, im Grenzfall ohne Rücksicht auf den Schaden anderer Menschen.

Die Annahme der Freiheit aus dem Glauben ist in ethischer Perspektive ein Paradigmenwechsel, eine Bekehrung von der *Freiheit zum Bösen* zur *Freiheit zum Guten*. Es ist eine Bekehrung von der äusserlich auferlegten moralischen Pflicht zur ethischen Freiheit. Wer unter dem Paradigma der Freiheit zum Guten lebt, wird in dieser Freiheit allerdings auch Böses tun, ja er kann und muss gar nicht ein Heiliger sein. Er bleibt im Sinne Luthers auch als Gerechter ein Sünder.[14] Er will sich jedoch nicht von inneren oder äusseren Zwängen – zum Beispiel der Maximierung des wirtschaftlichen Nutzens – in seiner Freiheit, das Gute zu tun, einschränken lassen.

An dieser Stelle ist nun entscheidend anzumerken: Die Unterscheidung zwischen der Freiheit zum Guten und der Freiheit zum Bösen ist idealtypisch. Menschen lassen sich nicht in eine der beiden Kategorien einteilen, im Gegenteil kommt es im Alltag wohl jedes Menschen vor, dass er sich eher an diesem oder an jenem Paradigma orientiert. Die oben erwähnte «Bekehrung» ist kein Ereignis, das einmal für den Rest des Lebens stattfindet, sie ist ein Prozess, eine Haltung, die einen Menschen zeitweise ganz ausfüllt, zeitweise weniger. Auch die Zuspitzung auf undifferenziert Gutes und Böses von vorhin ist eine grobe Vereinfachung, die der Komplexität und Differenziertheit menschlichen Lebens nicht gerecht werden kann. Über die Freiheit der Menschen im Verhältnis zu Gott und in der Gestaltung ihres Lebens lassen sich damit aber Erkenntnisse gewinnen.

14 *Simul iustus et peccator.*

Die Freiheit – das zeigt sich an dieser Möglichkeit, sie zum Bösen oder zum Guten zu interpretieren – bringt Ambivalenz in menschliches Leben. Alle Menschen sind frei, das Gute oder das Böse zu tun. Sie tragen das Potenzial für beides in sich. Sie können ihre Urteile und ihre Handlungen an beiden Paradigmen messen. Sie können sich – bewusst oder unbewusst – eher vom einen oder vom anderen Paradigma dominieren lassen. In beiden Fällen aber besitzen sie die Einsicht in Gut und Böse. Sie besitzen die Möglichkeit, sich mit sich selbst auseinanderzusetzen und ihre vollbrachten oder geplanten Handlungen in der Dimension von Gut und Böse zu beurteilen. Das Gewissen entscheidet dies blitzschnell. Und das Gewissen als Fähigkeit, sich zu sich selbst in eine deutende und beurteilende Beziehung zu setzen, ist in allen Schichten des Menschseins beheimatet und nicht allein im rationalen Denken. Körperliche Symptome wie Herzklopfen, schweissige Finger, sich rötende Ohren oder Wangen gehören genauso zu dieser Fähigkeit wie ein Bauchgefühl, eine Intuition, deren Ursprung man selbst gar nicht so genau lokalisieren kann. Die gedankliche Reflexion moralischer Herausforderungen, die bewusste Wahrnehmung ethischer Freiheit ist wohl meist erst die Folge solcher Reaktionen des Körpers und der Seele.

Die Fähigkeit, sich mit seinen Handlungen, mit sich selbst deutend und beurteilend auseinanderzusetzen, wirft für Menschen implizit oder explizit die Frage auf, wer sie überhaupt sind und wer sie sein wollen. Die Identität steht zur Debatte. Als Mensch bin ich das Wesen, das nicht mit mir selbst identisch ist. Ich kann über mich nachdenken: mich als Subjekt meines Denkens zum Objekt meines Denkens machen. Schon wenn ich «ich» denke, sage oder schreibe, geschieht dieser Bruch zwischen dem Ich und dem Selbst. Menschliche Identität ist gebrochene Identität: ich stelle das ohne jede moralische Wertung fest. Diese Gebrochenheit ist das, was jedem Menschen ausserhalb der

Mauern des Paradieses widerfährt: vormoralische Sünde im Sinne des Nicht-eins-Seins mit sich selbst. *Vormoralisch* bezeichne ich diese Sünde, weil sie an sich weder gut noch schlecht ist. Sie ist ambivalent, sie schafft das Potenzial zu beidem: ich kann mich selbst annehmen und lieben oder ich kann mich selbst hassen.

Viele Menschen zerbrechen an diesem Bruch. Das Versöhnungsangebot Gottes, seine Liebe und der Glaube als Antwort darauf machen diesen Bruch nicht rückgängig. Sie ermöglichen jedoch Versöhnung, Trost, und auch ein erfülltes Leben trotz allem. Davon ist im nächsten Abschnitt die Rede.

3.2 Was ist dein einziger Trost im Leben und im Sterben?

Mit dieser Frage setzt der 1563 verfasste «Heidelberger Katechismus» ein. Der «Heidelberger» gehörte während Jahrhunderten zum Grundbestand dessen, was sich über evangelisch-reformierten Glauben sagen liess. Er zielt nicht nur auf Kerngehalte des Glaubens, die in den jeweiligen Antworten erläutert werden, er spricht auch existenzielle Fragen und Nöte des Menschseins an, die sich – mit einer im nächsten Abschnitt erläuterten Ausnahme – in den wesentlichen Kerngehalten über die Zeit nur wenig verändern. Auf die Frage, was im Leben und im Sterben tröstet, wird geantwortet: «Dass ich mit Leib und Seele im Leben und im Sterben nicht mir, sondern meinem getreuen Heiland Jesus Christus gehöre.» Das sind Formulierungen, die vielen heutigen Menschen nicht auf Anhieb für ihr eigenes Leben und ihr eigenes Sterben bedeutsam erscheinen. Sie verstehen zwar die Sprache und die Worte, können aber den Bezug zu ihrem Leben nur schwer herstellen.

Und doch habe ich festgestellt, wie viele sofort aufhorchen, wenn sich das Gespräch darum dreht, dass auch heute viele Menschen primär einmal Angst vor dem Leben haben: Angst vor eigenem Ungenügen, Angst davor, Ja zu sagen zu sich selbst, zum eigenen Lebensweg. Sören Kierkegaard brachte es in seiner

Schrift *Die Krankheit zum Tode* mit dem Begriff «Verzweiflung» auf den Punkt: «Verzweifelt nicht man selbst sein wollen, verzweifelt man selbst sein wollen», sowie das, was er «uneigentliche Verzweiflung» nennt: «Verzweifelt sich nicht bewusst sein, ein Selbst zu haben.»[15] Als schlimmste Form der Verzweiflung nennt er den Umstand, dass viele Menschen sich nicht einmal bewusst sind, wie verzweifelt sie sind: «Sich nicht bewusst zu sein, dass man es ist.»[16]

Dieser Verzweiflung hat der Glaube etwas zu entgegnen: der Anspruch eines Katechismus ist es, über diesen Umstand aufzuklären. Mündiger Glaube schenkt Kraft und Trost und kann Menschen aus dieser Verzweiflung befreien. Ein ähnlicher Anspruch wird mit Blick auf Sterben und Tod, auf Endlichkeit menschlichen Lebens erhoben: Der Glaube bietet einen Sinn- und Deutungshorizont, der von der Todesangst befreit, die sich in unserer Zeit nicht zuletzt im Jugendwahn und im Bedürfnis äussert, den Alterungsprozess zu verlangsamen.

Der Katechismus verhilft zu einem reflektierten Umgang mit Fragen des Lebens und seiner Endlichkeit und ermöglicht so einen mündigen Glauben: «Trost im Leben und im Sterben.» Das Selbst – entsprechend der Antwort auf die erste Frage des Heidelberger Katechismus – konstituiert sich nicht aus sich selbst heraus, sondern von Gott und seinem heilenden Handeln her. In der Begrifflichkeit Kierkegaards: Die Verzweiflung, die aus dem Wunsch entsteht, sich selbst sein zu wollen (oder eben gerade nicht), wird dadurch überwunden, dass das Selbst nicht auf sich zurückgeworfen ist, sondern sich für Gott und für sein Versöhnungsangebot in Christus öffnet. Die Versöhnung mit Gott ermöglicht Versöhnung mit sich selbst, Trost im Leben: Ich brauche am Bruch, der mein Selbst durchzieht, nicht zu zerbrechen.

15 Kierkegaard, Sören, Die Krankheit zum Tode, Hamburg 2002, S. 13.

16 A. a. O., S. 22.

Das Tröstende, Heilvolle am Glauben ist der Umstand, dass das menschliche Selbst sich nicht selbst erfinden und erschaffen muss. Das ist das Paradox des Glaubens: Das Selbst (er)findet sich gerade nicht da, wo es dies anstreben will oder soll, sondern da, wo es sich ganz vergisst und sich für das ganz andere, für Gott öffnet. Nie ist der Mensch so bei sich, wie wenn er ganz bei Gott ist. Nie tut er so viel dafür, bei Gott zu sein, wie wenn er gar nichts tut, sondern alles von Gott erwarten darf. Ist das nicht eine tröstende, befreiende Botschaft in einer leistungsorientierten Zeit? Eine Reformulierung der alten Botschaften des Glaubens tut not. Dabei kann es nicht bei der Reformulierung alter Texte in eine vermeintlich «moderne» Sprache bleiben. Es braucht eine erneuerte Sprachfähigkeit, damit sich die Menschen unserer Zeit nicht noch mehr von den heilvollen Botschaften des christlichen Glaubens entfremden.

Die folgenden Abschnitte widmen sich – orientiert an reformatorischen Prinzipien – einer Auswahl von Kerngehalten des christlichen Glaubens, die zum Inhalt eines zeitgemässen Katechismus: eines reformulierten, mündigen evangelischen Glaubens werden können.

3.3 Einleitende Gedanken zu den reformatorischen *soli*

Es ist an der Zeit, den vier klassischen, reformatorischen *soli* ein fünftes voranzustellen und damit neue Zugänge zu den klassischen vier zu eröffnen.

Die Notwendigkeit einer neuen Akzentsetzung ergibt sich nicht zuletzt aus mindestens einer seit dem ausgehenden Mittelalter veränderten Grundfragestellung des Lebens. Während die Aufgabe des mittelalterlichen Menschen die tätige Erlangung des Heils war, so steht diese Herausforderung für die Menschen des 21. Jahrhunderts nicht mehr im Fokus. Es ist vielmehr die Frage, wie sich das Leben in dieser Welt angesichts der globalen, gesellschaftlichen und persönlichen Herausforderungen unserer

Zeit erfüllen kann. Die Formulierung eines neuen *solus* ergibt sich demnach nicht zufällig. Die Tatsache, dass die Erlangung des Heils, beziehungsweise die Rechtfertigung vor Gott nicht länger Hauptaufgabe des Menschen ist, wurzelt schon in den klassischen reformatorischen Prinzipien selbst, allen voran im Prinzip *sola gratia*, allein aus Gnade. Dieses Prinzip bedeutet, dass Gott dem Menschen Heil und Rechtfertigung schon längst anbietet, bevor dieser überhaupt in der Lage ist, selbst etwas dafür zu leisten.

Christliches Leben ist damit nicht mehr bloss Durchgangs- und Bewährungsstation auf den Weg zum Heil, es ist Leben in dieser Welt, als gerechtfertigter Mensch, als *simul iustus et peccator* Gerecht(fertigt)er und Sünder zugleich: frei der Welt zu- und nicht abgewandt. Es geht im Leben um dieses Leben, und nur um dieses. Für das jenseitige Leben ist bereits gesorgt. *Wie erfüllt sich menschliches Leben in dieser Welt?* Das ist die Grundfragestellung des glaubenden Christen nach der Reformation – bis heute. Die reformatorischen Prinzipien stellen für diese Frage Antworten bereit. Die klassischen vier müssen jedoch nach 500 Jahren durch ein fünftes ergänzt werden: *sola caritate*, allein durch die Liebe.[17] Dieses fünfte Prinzip eröffnet notwendige, neue hermeneutische Zugänge zu den klassischen vier, insbesondere mit Blick auf die Frage, wie in der pluralistischen und globalisierten Gesellschaft mit dem im Begriff *solus* angelegten Exklusivitätsanspruch umzugehen sei.

3.4 Allein durch die Liebe

Ausgehend von der Frage *Wie erfüllt sich menschliches Leben in dieser Welt?* gibt es eine evangelische Antwort: Menschliches Leben erfüllt sich allein durch die Liebe. *Sola caritate.* Der neue Akzent, den ein fünftes reformatorisches Prinzip setzen

17 Die Anregung zu diesem fünften Prinzip stammt von Samuel Jakob, mit dem ich im Dialog über die Inhalte des vorliegenden Textes stand.

kann, besitzt einerseits *eine hohe evangelische Plausibilität* und ist andererseits die Folge von *Lehren aus der Kirchengeschichte.*

Die Geschichte der Kirche ist ein einziges Zeugnis dafür, dass es letztlich nur die Liebe ist, die das Evangelium in der Geschichte der Menschheit zum Tragen bringt. Allem voran geht die Liebe Gottes zu den Menschen.[18] Ohne sie gäbe es gar keine Geschichte Gottes mit den Menschen. Allerdings – und das ist evident – ist die Geschichte der Kirche keine «Liebesgeschichte»: Allzu oft ist sie von Uneinigkeit, Streit, gar Krieg und Gewalt gezeichnet. Genau diese Zeiten und Begebenheiten zeigen letztlich schonungslos das Versagen der Kirche an ihrem eigenen Anspruch auf.

Es ist kein Zeugnis des Evangeliums, wenn die «Frohbotschaft» als «Drohbotschaft» mit physischer oder psychischer Gewalt verbreitet werden soll. Es ist kein Zeugnis des Evangeliums, wenn Kirchen sich gegenseitig ausgrenzen. Es ist kein Zeugnis des Evangeliums, wenn Kirchen sich für politische Zwecke missbrauchen lassen und eher Zwist und Streit befeuern, als zu Versöhnung beitragen. Das immer wiederkehrende Versagen der Kirche, die Liebe Gottes zu den Menschen zu bezeugen, zeigt als Kontrastfolie umso deutlicher auf, dass es nur die Liebe ist, die das Evangelium in der Geschichte der Menschen zum Tragen bringen kann: Wo es an der Liebe fehlt, versagt die Kirche an ihrem Auftrag. Wo aber die Liebe gelebt wird, wird das Evangelium bezeugt, lebt Kirche: *sola caritate*, allein durch die Liebe erfüllt sich menschliches Leben, innerhalb und ausserhalb institutioneller Grenzen von Kirchen.

In historischer und ekklesiologischer Perspektive ist dieses neue reformatorische Prinzip ein starkes ökumenisches Zeichen nach fünfhundert Jahren der institutionellen Kirchenspaltung. Es lässt die Grenzen zwischen «katholisch» und «evangelisch-

18 Vgl. 1. Johannesbrief 4,10–11.

reformiert» verschwimmen: Da, wo sich institutionell getrennte Kirchen in Respekt vor ihrer jeweiligen Tradition und wo sich ihre Repräsentanten und Mitglieder in mitmenschlicher Liebe begegnen, da lebt die eine, allumfassende (katholische), unsichtbare Kirche. Da, wo die Kirche bereit ist, sich selbst und ihre Traditionen in der Perspektive der Liebe Gottes zu den Menschen zu hinterfragen und zu erneuern, da ist sie evangelische, *sich reformierende* Kirche im Sinne des *semper reformanda*: ungeachtet institutioneller Grenzen und dogmatischer Differenzen.

Es mag zu unserer Menschheitsgeschichte gehören, dass wir historisch gewachsene, institutionelle Grenzen nicht leichtfertig überwinden können. Das andere soll als anderes respektiert werden. Das darf uns als Kirche und als Glaubende jedoch nicht daran hindern, am Prinzip *sola caritate*, allein durch die Liebe, festzuhalten. Nur aufgrund von Gottes Liebe zu den Menschen gibt es überhaupt eine Geschichte Gottes mit den Menschen. Nur da, wo die Liebe gelebt wird, kommt das Evangelium Gottes in der menschlichen Geschichte zum Tragen. Nur wo die Liebe gelebt wird, erfüllt sich menschliches Leben in einem umfassenden Sinne.

Ob die Kirche will oder nicht: sie bezeugt das Prinzip *sola caritate*. Da, wo sie an der Liebe scheitert und versagt, wird sogar umso deutlicher, dass *das* nicht Kirche sein kann. Ohne Liebe keine Kirche. Dort hingegen, wo Liebe gelebt wird, ist sie kräftiges Zeugnis der Liebe Gottes zu den Menschen und verschenkt diese Liebe weiter.

Die evangelische Plausibilität des Prinzips *sola caritate* liegt mit Jesu Antwort auf die Frage nach dem höchsten Gebot[19] auf der Hand. Die Liebe der Menschen zu Gott, den Mitmenschen und zu sich selbst ist die Antwort auf die vorausgehende Liebe Gottes zu den Menschen. Das Liebesgebot ist der hermeneu-

19 Matthäus 22,37 f.

tische Schlüssel zur ganzen Schrift.[20] An ihm haben sich alle Aussagen und Lebensäusserungen des Glaubens zu messen. Nur in der Liebe ist erfüllte Beziehung und damit erfülltes menschliches Leben möglich. Das dreifache Liebesgebot entwirft die Skizze einer evangelischen Anthropologie: Der Mensch ist ein Beziehungswesen, das sich in drei Dimensionen verstehen kann.

- ***Du sollst Gott lieben.***[21] **Die Beziehung zu Gott.** Eine evangelische Anthropologie versteht sich von der Beziehung zu Gott her. In der Perspektive des Glaubens ist diese wiederum primär von der Liebe Gottes zu den Menschen bestimmt. Die menschliche Liebe zu Gott ist – wie bereits erwähnt – die Antwort auf die Liebe Gottes zu den Menschen. Liebe ist hier Ursprung und Ergebnis von Versöhnung, wobei der Impuls zur Versöhnung von Gott ausgeht, und der Mensch jederzeit frei ist, das Versöhnungs- und Liebesangebot anzunehmen oder auch nicht.
- ***Und deinen Nächsten.***[22] **Die Beziehung zu den Mitmenschen.** Menschsein ist nur in Gemeinschaft mit anderen Menschen möglich. «Ich werdend spreche ich Du»[23]: Sprache, Ansprache als identitätsstiftende Beziehung wird von Martin Buber prägnant beschrieben. Doch nicht nur in einem philosophischen, sondern auch in einem ganz lebenspraktischen Sinne ist Menschsein nicht anders als in Beziehung denkbar. Auch die mitmenschliche Beziehung gelingt nur unter den Voraussetzungen gelebter Liebe im Sinne der Agape. Diese Art von Liebe ist sogar in der Lage Feinde zu lieben.[24] Sie unterscheidet sich sowohl von der Zufälligkeit gefühlsmässiger Zuneigung und Präferenz als auch von der

20 Matthäus 22,40.
21 Matthäus 22,37.
22 Matthäus 22,39.
23 Buber, Martin, Ich und Du. In: Das dialogische Prinzip. Gütersloh 2009, S. 15.
24 Matthäus 5,44.

Innigkeit der Liebe als Eros. Das Scheitern am Anspruch, die Beziehung zu Mitmenschen in Liebe zu gestalten, kann als moralische Dimension von Sünde, nämlich als Schuld verstanden werden. Der Umstand, dass Menschen am Anspruch der vollkommenen Erfüllung des Liebesgebotes gar nicht anders als scheitern können, wurzelt in dem, was oben existenzielle Sünde genannt wurde: in der menschlichen Nicht-Identität mit dem eigenen Selbst. Die Tatsache, dass Menschen auch an moralischer Schuld nicht verzweifeln müssen, hat mit der Liebe Gottes zu den Menschen und mit seinem unbedingten Versöhnungsangebot zu tun.

- ***Wie dich selbst.***[25] **Der Selbstbezug.** Der Mensch lebt nicht einfach unmittelbar, sondern kann, ja muss sich, – mittelbar – zu sich selbst in Beziehung setzen, sich mit sich selbst auseinandersetzen. Damit ist der Mensch als nicht konstant mit sich selbst identisches Wesen bestimmt: gleichzeitig Subjekt und Objekt der Selbsterkenntnis und des Selbstbezugs. Das Scheitern am Selbstbezug (im Sinne der «Kierkegaardschen Verzweiflung») ist existenzielle Sünde (im Unterschied zu moralischer Sünde: Schuld). In ihrem Zustand findet sich der Mensch vor, weil er Mensch ist. Er hat nicht Schuld an diesem Umstand. Gelingender Selbstbezug im Sinne der Überwindung existenzieller Sünde ist allein durch die Liebe möglich und daher auch von ihr geprägt: Solche Versöhnung mit dem eigenen Selbst führt nicht zu einer selbstverliebten Verzückung, sondern aus der Freiheit des Glaubens, im Sinne des Lutherschen *simul iustus et peccator*, gleichzeitig sündig und versöhnt.

25 Matthäus 22,39.

Eine evangelische Anthropologie ist in allen drei Dimensionen von der geschenkten Liebe Gottes geprägt. Die Liebe Gottes zu den Menschen geht allen Dimensionen der Liebe des Menschen voraus und entgegen: Sie ist die Einladung zu erfülltem Leben, unbedingtes Angebot zur, ja Bitte um Versöhnung.[26] Gott stellt keine Bedingungen, damit Menschen in den Genuss seiner Liebe kommen können. Seine Liebe «muss» nur angenommen werden. So wird versöhntes, erfülltes Leben möglich.

Diese vorbehaltlose Liebe Gottes zu den Menschen ist Ausgangspunkt und Quelle der mitmenschlichen Liebe und damit normatives Fundament christlicher Ethik und diakonischen Handelns. Ein «seliges» Annehmen der Liebe Gottes ohne Verbindlichkeit in Bezug auf das eigene Handeln wäre ein fulminantes Missverständnis dessen, was Annahme von Gottes Liebe bedeutet. Wenn wir einen glaubenden Menschen als Gefäss verstehen, das Gottes Liebe aufnimmt, so muss dieses Gefäss, wenn es sich für Gottes Liebe öffnet, überlaufen. Es schenkt diese Liebe weiter, sonst ist das, wofür es sich geöffnet hat, nicht wirklich Gottes Liebe. Gottes Liebe ist zwar bedingungslos, aber nicht unverbindlich. Wer an ihr teilhat, wird zu ihrer Botschafterin oder zu ihrem Botschafter. Gott glaubt an uns – in aller Freiheit, die er uns gewährt. Durch unser freies Weiterverschenken seiner Liebe wird Gott – wie Kurt Marti es sich wünschte – zum «Tätigkeitswort».

Das Prinzip *sola caritate* wird demnach nicht zum additiv, fast zufällig hinzugefügten fünften reformatorischen Prinzip, es ist vielmehr der hermeneutische Schlüssel, der Zugang zu den anderen Prinzipien, der es ermöglicht, diese in unsere Zeit hinein zu übersetzen und selbstbewusst zu leben und zu vertreten.

26 2. Korintherbrief 5,20.

3.5 Allein Christus

Die vorangehenden Gedanken machen klar, dass das *solus Christus* heute kein ausschliessendes, ausgrenzendes Prinzip mehr sein kann. Insbesondere im Rahmen interreligiöser Beziehungen soll es weder explizit noch implizit eine Vorrangstellung des Christentums gegenüber anderen Religionen untermauern. Ganz im Gegenteil: Im Rahmen des *solus Christus* sollen diejenigen Argumente bereitgestellt werden, die ganz entscheidend mit dem in Verbindung gebracht werden können, was als spezifisch christlich gilt, und was es Christinnen und Christen ermöglicht, sich selbstsicher, angst- und gewaltfrei in den Dialog mit Menschen aus allen Religionsgemeinschaften einzubringen. Das christliche Proprium: das, was das Christentum besonders auszeichnet, ist kein exklusives, sondern ein inklusives Merkmal. Es grenzt Religionen nicht aus, sondern trägt dazu bei, dass sie sich gegenseitig für die Wahrheitsgehalte der jeweils anderen Traditionen öffnen können.

Das Christusgeschehen spielt dabei eine zentrale Rolle. Unter «Christusgeschehen» verstehe ich den Kreuzestod und die Auferstehung von Christus, die als zentrales Heilsgeschehen gedeutet und geglaubt werden. Der Bezug zum Liebesprinzip hat wichtige Konsequenzen für die Deutung dieses Geschehens. Insbesondere stellt das Liebesprinzip eine vorschnelle Deutung des Kreuzestodes als stellvertretendes Opfer zur Tilgung menschlicher Sünden infrage: Ein a priori liebender Gott braucht zur Versöhnung kein Menschenopfer, erst recht nicht das Sühneopfer seines eigenen Sohnes, als Genugtuung. Diese Deutung ist seit 200 Jahren für immer mehr Menschen – Gläubige wie Distanzierte – und auch in der Theologie selbst, unglaubwürdig, und zu einer drängenden Frage geworden: Sie ist der Vorstellung eines zornigen, strafenden Gottes verpflichtet, der unschuldiges Opferblut fliessen sehen muss, um den Menschen (wieder – und wie lange?) wohlgesonnen zu sein. Solch archaische

Gottesvorstellungen werden nicht erst seit Kurzem durch feministische Theologinnen wie Luise Schottroff,[27] Regula Strobel oder Elisabeth Moltmann-Wendel,[28] von Theologen wie Klaus Peter Jörns[29] oder Hubertus Halbfas[30] kritisiert, sondern schon im alten Testament relativiert und von Jesus selbst grundsätzlich infrage gestellt.[31]

Andererseits verwendet das neue Testament vielerorts Begrifflichkeiten, welche die Deutung des Kreuzestodes als Sühneopfer nahelegen. Davon zeugen etwa Stellen wie: Matthäus 26,28 «für viele vergossen […] zur Vergebung der Sünden», Markus 14,24, «vergossen […] für viele», Erster Brief an die Korinther 15,3 «gestorben […] für unsere Sünden». Aber schon in den neutestamentlichen Schriften sind durchaus verschiedene Deutungen des Kreuzestodes zu finden. Pierre Bühler weist darauf hin, dass Deutung und Geschehen auch im Fall des Todes von Jesus am Kreuz nicht identisch sind.[32]

27 Schotroff, Louise, Kreuz I. Feministische Kritik an Kreuzestheologien. In: Gössmann, Elisabeth et al. (Hg.), Gütersloh 1991.

28 Einen kurzen Überblick über die philosophische und feministische Kritik an der Sühnopfervorstellung gibt Gunda Schneider-Flume: Schneider-Flume, Gunda, Heil durch Gewalt? Theologische Überlegungen zu Kreuz, Opfer und Sühne und ihrer philosophischen und feministischen Kritik. In: Acklin Zimmermann, Béatrice und Annen, Franz (Hg.), Versöhnt durch den Opfertod Christi? Die christliche Sühnopfertheologie auf der Anklagebank, Zürich 2009, Seite 159–178. Dieses Buch fasst die Beiträge einer Tagung an der Paulus Akademie Zürich zusammen. Es gibt insgesamt eine breite und dennoch in kurzer Zeit lesbare Einführung in die Thematik.

29 Jörns, Klaus-Peter, Notwendige Abschiede. Auf dem Weg zu einem glaubwürdigen Christentum, Gütersloh 2006. Siehe besonders Kapitel 8, ab S. 286.

30 Halbfas, Hubertus, Glaubensverlust, Ostfildern 2011. Siehe besonders S. 47 ff.

31 Matthäus 9,13 und Matthäus 12,7: «Barmherzigkeit will ich und nicht Opfer …» Jesus bezieht sich an diesen Stellen auf Propheten wie 1. Samuel 15,22–23: «Sieh, Gehorsam ist besser als Schlachtopfer; besser als Fett von Widdern ist es, achtsam zu sein.» Ähnlich Hosea 6,6: «Denn an Treue habe ich Gefallen und nicht an Schlachtopfern und an Gotteserkenntnis mehr als an Brandopfern!» Ähnliche Kritik am Opferkult findet sich u. a. bei Jesaja 1,11, Jeremia 7,22–23, Amos 5,21–22, Micha 6,6–8.

32 Bühler, Pierre, Kann ein Sühnopfer versöhnen? Grenzen und Herausforderungen

Ingolf Dalferth verweist in Übereinstimmung mit Bühler[33] unter anderem auf hermeneutische Ursachen dieser Einschätzung: in der damaligen religiösen Vorstellungswelt war die Kategorie des Sühneopfers – d. h. die Gottheit durch Opfergaben gnädig zu stimmen – so weit verbreitet, dass es nahelag, das Christusgeschehen so zu deuten. Andere, z. B. gnostische Deutungen, wurden als häretisch eingestuft und explizit ausgeschlossen. Dalferth argumentiert, dass Sühneopfervorstellungen durch die Verkündigung des auferstandenen Gekreuzigten nicht bekräftigt, sondern als untauglich und obsolet erwiesen werden.[34]

Dass der Tod Jesu am Kreuz als Teil des Heilsgeschehens zu verstehen ist, daran besteht kein Zweifel. Dass dieser Tod als Sühneopfer gedeutet werden muss, ist jedoch weder zwingend noch das einzig mögliche Verständnis,[35] auch nicht bei Paulus.[36] Die Tatsache, dass die Sühneopferdeutung sehr früh weite Verbreitung fand, bedeutet nicht, dass sie vorherrschend und unrevidierbar sein muss,[37] insbesondere wenn sie einer Kritik unterzogen wird, die vom Innern der Berichte von Tod und Auferstehung her ausgeht. Die dogmatisch entscheidende hermeneutische Frage ist nicht, *welche* sprachlichen Bilder gebraucht werden, um das Christusgeschehen zu deuten, son-

der Opfervorstellung für eine heutige Kreuzestheologie. In: Acklin Zimmermann, Béatrice und Annen, Franz, (Hg.), Versöhnt durch den Opfertod Christi? Die christliche Sühnopfertheologie auf der Anklagebank, Zürich 2009, S. 141 f.

33 A. a. O., S. 146.

34 Dalferth, Ingolf U., Der auferweckte Gekreuzigte. Zur Grammatik der Christologie, Tübingen 1994, S. 299.

35 A. a. O., S. 258.

36 Bühler, Pierre, Kann ein Sühnopfer versöhnen? Grenzen und Herausforderungen der Opfervorstellung für eine heutige Kreuzestheologie. In: Acklin Zimmermann, Béatrice und Annen, Franz, (Hg.), Versöhnt durch den Opfertod Christi? Die christliche Sühnopfertheologie auf der Anklagebank, Zürich 2009, S. 144, mit Verweis auf 1.Korinther 1,18–25.

37 Dalferth, Ingolf U., Der auferweckte Gekreuzigte. Zur Grammatik der Christologie, Tübingen 1994, S. 264.

dern: *wie* werden sie gebraucht, *wie werden sie verändert und revidiert*?[38] Es kann eingewandt werden, dass ein zorniger Gott, der durch ein letztes Opfer milde gestimmt werden muss, nicht an sich problematisch ist. Auch ein zorniger und strafender Gott kann durchaus ein liebender Gott sein. Allerdings: wie soll man sich den Gotteszorn und seine Strafen vorstellen? Als Höllenstrafe mittelalterlichen Zuschnitts? Als Schicksalsschlag? Als Krankheit, Krieg oder verbrecherische Gewalt an Menschen?

Es ist meines Erachtens absolut undenkbar, dass der im Neuen Testament von Jesus bezeugte Gott seine Liebe von einem von ihm selbst eingeforderten Akt der Gewalt abhängig macht. Mord und Krieg sind menschliche Gewalttaten, nicht mehr und nicht weniger. Nichts als menschliche Gewalt – wie sie täglich geschieht – hat den Wanderprediger aus Nazaret das Leben gekostet: Der Mob hat den Tod von Jesus gefordert, und die römische Besatzungsjustiz hat ihm diesen «geopfert». Jesus ist ein «victim», kein «sacrifice».[39]

Was aus diesem Justizmord ein Offenbarungsereignis und damit Teil des Heilsgeschehens machte, waren zwei Dinge: einerseits erschien der Ermordete seinen Anhängern als Auferstandener, und andererseits wurde er von diesen als Gott selbst erkannt, bzw. gedeutet. In der Deutung des Christusgeschehens ist deshalb die Doppelnatur von Jesus Christus, die Einheit von Christus mit Gott selbst (Joh 10,30) von der Auferstehungserfahrung her ernst zu nehmen.[40] Damit ist der Tod von Jesus am Kreuz ein Offenbarungsgeschehen: Im Licht der Auferstehung von Christus wird im Tod von Jesus am Kreuz eine radikal

38 A. a. O., S. 297.

39 Bühler, Pierre, Kann ein Sühnopfer versöhnen? Grenzen und Herausforderungen der Opfervorstellung für eine heutige Kreuzestheologie. In: Acklin Zimmermann, Béatrice und Annen, Franz, (Hg.), Versöhnt durch den Opfertod Christi? Die christliche Sühnopfertheologie auf der Anklagebank, Zürich 2009, S. 150.

40 Vgl. auch Dalferth, Ingolf U., Der auferweckte Gekreuzigte. Zur Grammatik der Christologie, Tübingen 1994, S. 306 f.

neue Einsicht in Gottes Nähe zu den Menschen möglich: Es ist Gott selbst, der am Kreuz stirbt! Die Menschen bringen ihn um, und er ist vollkommen tot. Wenn überhaupt der Tod von Jesus am Kreuz als Opfer gedeutet werden soll, so ist am Kreuz Gott selbst Opfer menschlicher Gewalt – eben ein *victim* – geworden. Damit wird an diesem Tod – obwohl er sich grundsätzlich in nichts vom gewaltsamen Tod irgendeines Menschen unterscheidet – besonders erschreckend deutlich, wo der Fluchtpunkt aller menschlichen Gewalt ist, wozu menschliche Gewalt letztlich in der Lage ist: Sie bringt Gott um! Ein gewalttätiger, mordender Mensch bringt nicht nur in seinem – Gott ebenbildlichen – Opfer (*victim*) Gott um, er tötet auch seine eigene – Gott ebenbildliche – Menschlichkeit. Gott und die Menschlichkeit werden in jedem durch Menschen verübten Gewaltakt verraten oder sogar getötet.

Diese Glaubenserkenntnis wurde durch den Tod von Jesus möglich, und deshalb kann jener Tod nicht nur als bloss historisches, sondern als universelles, eschatologisches Ereignis gedeutet und geglaubt werden. Durch diese Deutung von Kreuzestod und Auferstehung von Jesus Christus lässt sich die wahre Qualität der Liebe Gottes zu den Menschen auf eine einmalige Weise neu erkennen. Was glaubenden Menschen hier einsichtig werden kann, ist nicht, dass der zornige Gott aus lauter Liebe doch noch einmal Erbarmen hat mit den Menschen, und – um sie zu retten – unschuldiges Blut, im Sinne des stellvertretenden Opfers zur Lösung der Schuld aller Menschen, fliessen lässt.

Was sich am Christusgeschehen zeigt, ist vielmehr der Umstand, dass Gott sich den Menschen so weit nähert, wie es überhaupt nur geht: Er wird Mensch und lässt dabei gar nichts aus, nicht einmal den Tod. Die Liebe Gottes zu den Menschen ist im wahrsten Sinne selbstlos: Vollständige Hingabe, entgrenzte Identifikation mit den Menschen: Selbstaufgabe, die Gott das Leben kostet. Gott lässt dem Menschen die Freiheit zu wüten, das Böse zu wählen – auch wenn er selbst dabei umkommt. Als Allmächtiger ist Gott den Menschen unendlich fern. Als Ohnmächtiger ist er ihnen unendlich nah. Und nur als Ohnmächtiger überwindet Gott das Gesetz des Stärkeren und das Gesetz des *do ut des*. Am Christusgeschehen wird deutlich, dass Liebe nur dann wirklich Liebe ist, wenn sie zugleich Freiheit gibt und bedingungslos und ohnmächtig geschenkt ist.

Es geht hier also nicht um den zornigen Gott, der dann doch wieder von seiner Liebe zu den Menschen übermannt wird, sondern um den mit Gewalt wütenden Menschen, der Gott zum Opfer menschlicher Gewalt werden lässt. Diese Erkenntnis schützt die Erzählung vom Tod Jesu am Kreuz vor mindestens drei möglichen Banalisierungen:

Erstens: Die Banalisierung der Liebe Gottes zu den Menschen. Gottes Liebe zu den Menschen ist etwas ganz anderes als gnädige Milde des zornigen Gottes. Sie ist Ausdruck von Gottes unbedingtem und vorbehaltlosem Ringen um den Menschen. Sie kostet ihn das Leben.

Zweitens: Die Banalisierung des Todes von Jesus. Die vorschnelle Deutung des Todes von Jesus als Sühneopfer für menschliche Schuld banalisiert diesen Tod. Er wird dann zu einem notwendigen Übel, von dem ich nun zwar durchaus schuldbewusst, im Übrigen aber einfach dankbar, schulterzuckend Kenntnis nehmen darf. Der Tod von Jesus zeigt schonungslos die Perspektive auf, in der jede menschliche Gewalt steht: Sie kostet Gott das Leben. Mit jedem mitverantworteten, nicht verhinderten Gewaltakt wird man zum Teil des Mobs, der von Pilatus den Tod von Jesus forderte. Erst als eschatologisches Offenbarungsereignis kann der Kreuzestod annähernd angemessen verstanden werden.

Drittens: Die Banalisierung von Gewalt und allen Opfern menschlicher Gewalt. Gott leidet mit jedem leidenden, gefolterten Menschen. Er stirbt mit jedem Menschen. Jeder Mensch, der Opfer menschlicher Schuld und Gewalt wird, stirbt stellvertretend für und mit Gott.

Das Heilsame, das sich aus dieser Perspektive am Christusgeschehen zeigt, ist, dass durch Gottes Selbstaufgabe das Gesetz der Welt kategorisch, d. h. radikal, überwunden wird. Deshalb wird neues Leben, Auferstehung, möglich. Die Auferstehung unterläuft Gewalt und Tod. Die Auferstehung macht Versöhnung möglich. Im Auferstandenen bittet Gott die Menschen um Versöhnung! Subjekt der Versöhnungsbemühungen zwischen Gott und Mensch ist nicht etwa der Mensch, indem er ein gottgefälliges Leben führt und Opfer darbringt, es ist Gott selbst. «Wir bitten an Christi Statt: Lasst euch versöhnen mit Gott!» (2Kor 5,20). Christus – und in ihm Gott – bittet die Menschen um Versöhnung mit ihm.[41] Die Menschen sollen von ihrem Zorn ablassen, nicht Gott!

Zorn über den Umstand, dass Menschen daran scheitern, sein zu wollen wie Gott. Zorn über den Umstand, dass Menschen – im Sinne Kierkegaards – am eigenen Selbst verzweifeln. Zorn auch über den ohnmächtigen Gott, der Leid, Tod und Gewalt zulässt. Dieser Zorn entlädt sich am Kreuz als Gewalt gegen Gott.

Doch im Christusgeschehen wird vorbehaltlos deutlich: Gewalt ist in jeder Hinsicht sinnlos. Wer oder was Gewalt ausübt, um damit angeblich sogar der Sache Gottes zu dienen, unterliegt einem kategorischen Irrtum. Genau daran geht Gott zugrunde. Durch Tod und Auferstehung von Jesus Christus gewinnen wir die Einsicht: Wir brauchen nicht zu resignieren. Viel mehr noch: Leben ganz neuer Qualität wird möglich – Leben, welches das Gesetz der Welt überwindet. Wir sind auf

41 Schaede, Stephan, Jesaja 53, 2. Korinther 5 und die Aufgabe der systematischen Theologie, von Stellvertretung zu reden. In: Janowski, J. Christine (Hg.), Stellvertretung. Theologische, philosophische und kulturelle Aspekte, Neukirchen-Vluyn 2006, S. 141.

ganz neue Weise frei, uns der Liebe Gottes zu öffnen, anstatt uns unserem eigenen Zorn hinzugeben. Wir sind frei zum Leben in dieser Welt und wir sind frei, das Gute zu wählen. Das Gesetz der Welt repräsentiert das Paradigma der Freiheit zum Bösen. Die Versöhnung mit Gott, die Annahme seiner Liebe ermöglicht die Orientierung am Paradigma der Freiheit zum Guten.

Am Christusgeschehen wird wie erwähnt deutlich, dass die Kategorie des Sühneopfers in der Beziehung zwischen Gott und den Menschen keinen Platz hat. Gott braucht keine stellvertretenden Sühneopfer. Er braucht Menschen, die in der Freiheit zum Guten leben. Der Tod von Jesus am Kreuz war weder das historisch letzte notwendige Opfer, noch das ultimative Superopfer. Es war ein Gewaltakt wie jeder andere auch, und wie er täglich geschieht. Die Auferstehung von Christus aber macht deutlich: Nie war Gott so gottverlassen (Mk 15,33 par) und zugleich dem – in sich gespaltenen – Menschen so nahe, wie im gewaltsamen Tod von Jesus. Diese besondere Nähe Gottes zu den Menschen, die im Christusgeschehen offenbar wurde, hat Konsequenzen für die Ethik, die hier mit einer doppelten Abgrenzung markiert werden sollen:

Erstens: Gott braucht von uns keine Opfer. Ein Leben im Glauben, ein Leben in der Nachfolge von Jesus, bedeutet keine Verpflichtung zur Selbstaufopferung. Selbstaufopferung ist aus vielen, durchaus ehrbaren Motiven möglich. Selbstaufopferung in der Nachfolge von Jesus wäre letztlich aber wieder ein im Kern sündhafter Versuch des Sein-Wollens wie Gott. Daran scheitert jeder Mensch.

Zweitens: Das ist jedoch kein Plädoyer für die «billige Gnade». «Billige Gnade» ist eine Illusion und wäre ein Leben unter dem Paradigma der Freiheit zum Bösen: Wenn die Gnade so selbstverständlich ist, dann muss ich mir die Option, zum eigenen Nutzen das Böse zu wählen, nicht nehmen lassen! So eine Haltung kann kein Leben in der Nachfolge sein. Ein Leben im Licht der Gnade, die radikale Liebe ist, wie sie in Weg und Geschick von Jesus deutlich wurde, ist ein Leben unter dem Paradigma der Freiheit zum Guten – jenseits der Kategorien von «billig» und «teuer»: engagiertes, beherztes Leben in dieser Welt im Willen, sich angstfrei – in gewissen Situationen auch radikal und mutig, wenn nötig auch ganz alleine – für das Gute zu entscheiden.

Dennoch: die Zumutung der Freiheit zum Bösen bleibt. Die Versöhnungsbitte Gottes an die Menschen gilt unbedingt und allen. Nicht zuletzt ist uns dies durch das Christusgeschehen deutlich geworden. Die Welt ist in der Lage, Gott umzubringen – damals wie heute. Die Hoffnung für diese Welt ist, dass selbst jenseits schlimmsten menschlichen Unrechts und Leids die Möglichkeit der Versöhnung besteht, der Sieg der Liebe Gottes über den menschlichen Zorn. Jesus sagt mit Blick auf die Henker: «Vater, vergib ihnen! Denn sie wissen nicht, was sie tun» (Lk 23,34). Und mit Blick auf den gekreuzigten Verbrecher an seiner Seite sagt er: «Amen, ich sage dir: Heute noch wirst du mit mir im Paradies sein» (Lk 23,43).

Jeder Mensch hat die Option der Freiheit zum Bösen. Er lebt dann allerdings ein unversöhntes, gebrochenes Leben, selbst wenn er es nicht als das wahrnimmt. Doch jeder Mensch hat die Möglichkeit, sich irgendeinmal im Leben doch noch der Versöhnungsbitte Gottes zu öffnen. Vor dem Hintergrund der allem anderen vorausgehenden Liebe Gottes zu den Menschen gilt der Satz *Gott glaubt an dich, du bist frei!* für alle Menschen.

Damit gehen die Überlegungen über diejenigen, die ursprünglich das reformatorische Prinzip des *solus Christus* begründet hatten, hinaus, allerdings ohne den damaligen Anspruch zu überholen. Ganz im Gegenteil: Um die dargelegten Glaubenseinsichten und –gewissheiten zu gewinnen, braucht es nichts und niemanden als Jesus Christus. Wir brauchen keine besonderen spirituellen Praktiken, keine besonderen spirituellen

Lehrerinnen oder Lehrer, keine besonderen Orte; die glaubende Annahme, dass sich im Christusgeschehen in einzigartiger Weise die Treue Gottes zu den Menschen zeigt, genügt. Diese Aussage ist nicht exklusiv: Kontemplation, Meditation, auch Praktiken aus anderen Religionen und Kulturen können durchaus hilfreich sein, wenn sich Menschen spirituell sammeln und fokussieren möchten. Es bedeutet auch nicht, dass es nicht Personen oder Orte gibt, die besonders anregend und inspirierend sind für Menschen, die auf der Suche sind nach ihrer eigenen Form des Gebets, der Auseinandersetzung mit Texten der Bibel oder des praktischen Lebens im Glauben.

Solus Christus kann so verstanden werden, wie Martin Luther das, «was Christum treibet» als hermeneutischen Schlüssel zur ganzen Schrift propagierte: Notwendig ist nichts ausser Christus. Vieles mag hilfreich sein, wenn es denn «Christum treibet».

Die Vorstellung, dass menschliche Schuld durch das Vergiessen von Blut abbezahlt werden kann – auch stellvertretend und einmalig vergossenes Blut – muss überwunden werden. Sie birgt die unerträgliche Vorstellung, dass Gott den wütenden Mob, die Schergen und amtlich gehorsamen Henker mindestens als notwendiges Übel für sein Heilshandeln benötigt hätte. Wir müssten Pilatus dankbar sein! Schon oft in der Geschichte der Menschheit, bis und mit dem heutigen Tag, haben irgendwelche Gewalttäter genau das für sich in Anspruch genommen: Instrumente des Handelns Gottes zu sein und dabei Grausamkeiten schlimmster Art als notwendiges Übel zu beschönigen oder zu rechtfertigen. Durch den Tod von Jesus am Kreuz wird überdeutlich, dass Gott nicht auf die Hilfe von Gewalttätern angewiesen ist, um sein Werk zu vollbringen.

Solus Christus im Lichte des *sola caritate*: Allein durch die in der Liebe Gottes gründende mitmenschliche Liebe ist christliches Leben erfüllt – auch und gerade in der Begegnung mit Andersgläubigen.

Gottes Menschwerdung ist mit all ihren Konsequenzen vor allem als Beweis der Liebe Gottes zu den Menschen zu werten. Sie ist ein ultimativer Schritt auf die Menschen zu: Der Unsichtbare, Allmächtige, wird sichtbar und so ohnmächtig wie alle Menschen. Ab sofort begegnet Gott den Menschen auf Augenhöhe. Wie könnten dann Christen unter dem Titel *solus Christus* anderen Menschen herablassend begegnen?

Christliche Religion bedeutet vor diesem Hintergrund nicht das Aufstreben des Menschen zu einer höheren Macht, die Verbindungsaufnahme zum Jenseits oder die Sicherstellung ewigen Heils. Christliche Religion – oder besser gesagt: Glaube – bedeutet, sich auf den Menschen als Menschen einzulassen, denn in ihm begegnet uns Gott (Mt 25,40).

Gottes Liebesbeweis an die Menschen ist, dass er selbst in Jesus Christus – und nur (*solus*) in Christus – Mensch geworden ist. Menschlicher Liebesbeweis an Gott ist die Nachfolge Jesu in der Zuwendung zu den Menschen, insbesondere zu den Benachteiligten und Ärmsten. Glaube als Antwort auf Gottes Liebe zu den Menschen ist nicht denkbar ohne die mitmenschliche Liebestat. Letztere ist allerdings – und das ist wichtig – nicht als Leistung zum Gewinn, zum Erhalt oder zum Nachweis der göttlichen Liebe zu verstehen. Gottes Liebe muss weder im Voraus noch im Nachhinein verdient werden. Glaube als Antwort auf die Liebe Gottes zu den Menschen ist in ethischer Hinsicht ein Leben unter dem Paradigma der Freiheit zum Guten.

Christliche Ethik ist immer vollständig auf die Personen oder die Gegenstände ausgerichtet, denen sie dient. Niemals ist ein Mensch, der in den Genuss christlicher Liebestat kommt, Mittel zum Zweck, das persönliche Heil zu erlangen. Die Perspektive christlicher Ethik ist erfülltes, menschliches Leben in dieser Welt und nicht der Gewinn von himmlischem Heil als Belohnung.

So wie Gottes Menschwerdung als Liebesbeweis Gottes an die Menschen zu werten ist, so sehr ist der Tod von Jesus am

Kreuz als grundsätzliche Unfähigkeit der Menschen zu werten, auf das Liebeswerben Gottes adäquat zu antworten. Menschen bringen nicht nur unschuldige Menschen um, sie bringen sogar Gott um, wenn sie dazu die Gelegenheit erhalten. Der Tod von Jesus – ja jeder von Menschen verursachte und verschuldete Tod – ist geeignet, menschliches Versagen, menschliche Sünde zu entlarven: Wer sich schuldig macht, wer sich am Leben eines anderen Menschen vergreift, bricht nicht nur das Gebot der Liebe zum Mitmenschen, sondern auch mit seiner Beziehung zu Gott und letztlich zu sich selbst. Wer das Leben oder die Würde eines anderen Menschen verletzt, verletzt die Würde Gottes und stellt gleichzeitig sein eigenes Leben, seine eigene Würde zur Disposition.

Solus Christus macht deutlich, was sich im Christusgeschehen zeigt, was die Liebe Gottes zu den Menschen in letzter Konsequenz bedeutet. An Jesus Christus wird für uns erkennbar, wer Gott und was Liebe ist. Gottes Liebe ist stärker als alles menschliche Wüten, als existenzielle Sünde und moralische Schuld. Sie überwindet die Brüche in denjenigen Beziehungen, die den Menschen nach dem dreifachen Liebesgebot als Menschen bestimmen: die Beziehungen zu Gott, den Mitmenschen und zu sich selbst. *Solus Christus* ist keine Vorbedingung, kein Ausschlusskriterium für den exklusiven Zugang rechtgläubiger Christinnen und Christen zum Heil. Es ist der Hinweis darauf, dass kein anderes überliefertes Ereignis so radikal wie der Tod und die Auferstehung von Jesus Christus Christinnen und Christen erkennen lässt, wie konsequent und weitreichend die Liebe Gottes zu den Menschen ist. Das macht aus diesem historischen Ereignis ein eschatologisches Geschehen, das uns Menschen auch im 21. Jahrhundert Hoffnung und Zukunft schenken kann. *Solus Christus* ist deshalb keine Aufforderung an Christinnen und Christen, sich streitbar von anderen Religionen und Glaubensrichtungen abzugrenzen und ihren Anhängern einzureden, dass sie das Heil nur dann erlangen, wenn sie sich zum christlichen Glauben, und dann noch zu einer ganz bestimmten Konfession bekehren. Es ist eine Aufforderung an Christinnen und Christen, dafür Zeugnis zu geben, dass Gott bedingungslose und verbindliche Liebe ist. Es ist eine Aufforderung an Christinnen und Christen, sich gegen jede Form religiös motivierter Gewalt, Ausgrenzung und Herabsetzung von Menschen zur Wehr zu setzen. Das Christusgeschehen hat klar gemacht, dass Gewalt in Religion und Glauben keinen Platz hat.

Gott aber, und das ist das «Unglaubliche» (so unglaublich, dass Christen – das zeigt die gewaltvolle Geschichte der Christenheit – es selbst allzu oft gar nicht glauben), vergibt sogar solche Schuld. Er macht sie nicht ungeschehen, aber er bittet um Versöhnung. Diese Botschaft ist im doppelten Wortsinn «unerhört»: weder ganz in ihrer Tiefe verstanden, geschweige denn von uns gelebt, mit unserem Verhalten voll eingelöst. Sie muss deshalb immer wieder neu verkündet werden, um wirklich gehört, verstanden und gelebt zu werden. «So treten wir nun als Gesandte Christi auf, denn durch uns lässt Gott seine Einladung ergehen. Wir bitten an Christi Statt: Lasst euch versöhnen mit Gott!» (2Kor 5,20). Kaum etwas anderes wie diese zwei Sätze fassen den Auftrag der Kirche besser und knapper zusammen.

3.6 Allein aus Gnade

Gnade ist ein in unserer Zeit oft missverstandener Begriff. Die Gnade ist im Kontext des Glaubens nicht analog zu einer herablassenden Geste (*Wärst du so gnädig?*) zu verstehen. Sie ist auch nicht mit einer gerichtlichen Begnadigung zu verwechseln, die gewissermassen noch einmal ein Auge zudrückt und eine Chance auf Bewährung gibt.

Allein aus Gnade – *sola gratia* – umschreibt hingegen vieles, was in den vorangehenden Abschnitten unter dem Titel der Liebe Gottes zu den Menschen behandelt worden ist. Gottes Liebe ist «gratis», sie ist nicht gegen Leistung und Kosten zu haben. Sie geht jedem menschlichen Bemühen voraus. Versöhntes, vor Gott gerechtfertigtes Leben kann man weder verdienen noch kaufen. Im Grunde ist das eine Zumutung für all jene, die sich darum bemühen, gute Menschen zu sein, ein gutes Leben zu führen.[42] Der Begriff Gnade umschreibt, dass alles Bemühen, alle Leistung von Gott ausgeht, wenn es um die Versöhnung von uns Menschen mit ihm, mit Gott, und letztlich auch um unsere Versöhnung mit uns selbst geht.

Allzu oft wurde auch in der christlichen Tradition die zwischenmenschlichen Beziehungen als der Bereich gesehen, in dem sich Versöhnung (Rechtfertigung, Heil) verdienen lässt, beziehungsweise verdient werden muss. Diese Sichtweise konnte vormodernen Gesellschaften (und kann im Bereich fundamentalistischer Strömungen heute noch) dazu missbraucht werden, Gläubige moralisch zu disziplinieren und gehorsam zu machen gegenüber der Institution, die das Heil vermittelt. Wem einerseits die Belohnung himmlischen Heils winkt und andererseits höllische Strafe droht, der lässt sich einfacher beeinflussen. Kirchliche – oder überhaupt religiöse – Institutionen, die sich in dieser Weise zwischen Gott und die Menschen stellen, sind im wahrsten Sinne gnadenlos. Nicht zuletzt daran entzündete sich die Reformation des 16. Jahrhunderts.

Kein Mensch ist von einer unmittelbaren, gnadenvollen Beziehung mit Gott ausgeschlossen. Gott selbst ist der Initiant dieser Beziehung, indem er aufgrund seiner Liebe zu den Menschen um Versöhnung bittet. Die Antwort auf dieses Angebot ist Öffnung im und aus dem Glauben. Die heilsame Wirkung kann die Versöhnung mit dem eigenen Selbst sein, die Überwindung der Verzweiflung (Kierkegaard), die dankbare Annah-

42 Vgl. das Gleichnis von den Arbeitern im Weinberg, Matthäus 20,1–16.

me der Möglichkeit, als Sünderin oder Sünder gerechtfertigt zu sein (Luther).

Die Liebe (*caritas/agape*) in zwischenmenschlichen Beziehungen wird durch die Gnade von der Last befreit, den eigenen Zwecken zu dienen anstatt ausschliesslich der Person, der die liebende Tat gilt. Anders formuliert: die christliche Ethik wird durch den Glauben an die Gnade Gottes von der Verzwecklichung in der Perspektive des persönlichen Heils befreit: Ich tue nicht Gutes, damit ich in den Himmel komme, sondern damit es dieser Welt besser gehe; damit ich von der Liebe weiterverschenke, die ich selbst von Gott im Überfluss geschenkt bekomme. Die Liebe Gottes als allem menschlichen Handeln und Leisten vorausgehende Gnade entlässt Menschen in die verbindliche Freiheit.

Eine christliche Ethik ist also zwingend eine humanistische Ethik, eine dem Menschen zugewandte Ethik, die genau deshalb Ursprung und Ziel beim Menschen hat, weil ihre Subjekte (die glaubenden, handelnden Menschen) durch die Annahme der geschenkten Liebe Gottes ganze Menschen und ganz Mensch in dieser Welt sein dürfen. Das Leben ist für sie keine blosse Durchgangsstation, keine lästige Bewährungsprobe im Blick auf das zu verdienende ewige Heil. Es ist ihre Bestimmung. Sie sind zur guten Tat befreit und nicht gezwungen. Sie sind frei, weil Gott – *sola gratia* – an sie glaubt.

Die göttliche Gnade befreit allerdings auch von der von vielen Menschen in der Nachfolge Jesu sich selbst auferlegten Last, Liebe als Selbstaufopferung zu leben. Tätige Liebe in freier Verbindlichkeit zu leben bedeutet nicht, sich selbst zu überfordern und an dieser Überforderung zu verzweifeln. Es bedeutet, Gottes Gnade auch für sich selbst gelten zu lassen, auch und gerade im eigenen, durch keine Selbstaufopferung eliminierbaren Ungenügen. Gnade ist weder teuer, weil sie nicht verdient werden kann, noch ist sie billig, weil ihre Annahme im Glauben nicht mit Gleichgültigkeit einhergehen kann. Sie geht vielmehr mit verbindlicher, in innerer Freiheit gründender Zuwendung zu den Mitmenschen einher. Innere Freiheit aus dem Glauben ist der beste Grund zu vernünftig begründeter ethischer Entscheidung und wahrhaft guter Tat. Das Wissen um die Gnade der freien Versöhnung mit Gott ermutigt und befähigt zu ethisch erwogenen Entscheidungen ohne Angst vor dem Versagen.

Die Gnade entbindet nicht von der moralisch guten Tat, sie befreit zur Ethik: zur bewussten, freien und reflektierten Moral. Die Gnade ist nicht billig und nicht teuer: sie ist und macht frei. Diese Einsicht ist immer wieder eine Zumutung für Kirchen und Amtsträger. Die Tatsache, dass es etwas zu verwalten gibt, das nicht für jede und jeden frei verfügbar, sondern systematisch knapp ist, bildet zu oft die Machtbasis von Institutionen und ihren Verwaltern. Was systematisch knapp gehalten wird (wie das Geld) unterliegt den Gesetzen der Ökonomie. Die Zeit des Ablasshandels im ausgehenden Mittelalter zeigt sehr gut, wie dieses Gesetz auf die Religion angewendet werden konnte. Auf das Heil hatte die Kirche das Monopol (*nulla salus extra ecclesiam*) und vergab es nicht frei, sondern hielt es knapp. Damit erhielt das Heil einen Preis, liess sich auf Ablassbriefen für den Erlass bestimmter Sünden und die Verkürzung von Fegefeuerstrafen quantifizieren.

Die freie und frei machende Gnade dagegen ist die subversive Kraft Gottes gegenüber allen Institutionen, die sein Anliegen exklusiv unter den Menschen vertreten wollen. Literarisch ist dies wohl selten eindringlicher beschrieben als in der Erzählung vom *Grossinquisitor* in Dostojewskis Roman *Die Brüder Karamasow*.[43] In dieser, in den eigentlichen Roman eingeschobenen, Erzählung kommt Christus um die Reformationszeit[44]

43 Dostojewskij, Fjodor, Die Brüder Karamasow, (Übersetzt von Swetlana Geier), Zürich 2003.

44 «Gerade damals breitete sich im Norden, in Deutschland, eine furchtbare neue

nach Sevilla, «auf dem Höhepunkt der Inquisition, als zum Ruhme Gottes im ganzen Land täglich die Scheiterhaufen loderten ...»[45]. Jesus kann bloss über den Vorplatz der Kathedrale schreiten und einige neutestamentliche Wundergeschichten zitierende Wunder vollbringen, als ihn die Schergen des Grossinquisitors gefangen nehmen. Im Kerker führt dann der Grossinquisitor des Nachts einen Monolog mit dem schweigenden Christus und wirft ihm vor, dass es ein Fehler gewesen sei, die Freiheit der Menschen zu wollen und sie nicht in Abhängigkeit zu halten. Seit 1500 Jahren sei die Kirche nun daran, diesen Fehler zu korrigieren. Die Freiheit überfordere die Menschen, mache sie letztlich unglücklich. Nur wenige Berufene könnten damit umgehen, die Kirche aber kümmere sich auch um die vielen schwachen Menschen, die der Freiheit nicht gewachsen seien. «Ein solches Grauen wird für sie schliesslich die Freiheit bedeuten! Wir aber werden sagen, dass wir Dir nachfolgen und in Deinem Namen herrschen. Wir werden sie abermals betrügen, denn Dich werden wir nicht mehr zu uns hereinlassen.»[46]

Das institutionenkritische Potenzial des Prinzips *sola gratia* ist eine Herausforderung auch für die Kirche unserer Zeit, deren Haltung selbstverständlich nicht vergleichbar ist mit der des Grossinquisitors. Und doch genoss die Kirche in den letzten Jahrhunderten eine gesellschaftliche Stellung, die sie zur einzigen Anbieterin christlicher Welt- und Lebensdeutung machte. In konfessionell mehr oder weniger homogenen Regionen, landeskirchlich organisiert, war sie auch im liberalen und säkularen Rechtsstaat lange Zeit staats- und gesellschaftstragende Institution: Auch die evangelische Kirche verwaltete in den vergangenen Jahrhunderten exklusiv das Leben und dessen Wechselfälle und predigte das Heil. In diesem Umfeld konnte auch in der Kirche

Häresie aus.» A. a. O., S. 399.

45 Dostojewskij, Fjodor, Die Brüder Karamasow, Zürich 2003, S. 400.

46 A. a. O., S. 409.

die Gnade mehr oder weniger unbemerkt verloren gehen. Nicht nur, dass Pfarrer den Kindern den Katechismus mit Stockschlägen und den Bauern die Moral mit sozialem Druck beibrachten, die Kirche als Institution existierte nicht aus der Gnade Gottes heraus, sondern kraft quasistaatlicher Autorität.

Heute leben wir als Landeskirchen deutschschweizerischen Zuschnitts immer noch in den Strukturen jener Zeit. Wir profitieren als Institution von öffentlich-rechtlicher Anerkennung, flächendeckender territorialer Ausbreitung, Steuerprivilegien etc. Die Menschen aber sind im Unterschied zu früher frei, am Leben der Kirche teilzunehmen oder nicht. Sie können ihre spirituellen Bedürfnisse anderweitig befriedigen, ihre Sinnfragen beliebig klären, ihre Gemeinschaft vielfältig pflegen. Es besteht kein Zwang, sich der Verkündigung des Evangeliums der freien Gnade aus dem Glauben auszusetzen. Was institutionell eine Herausforderung ist, gar als Problem gesehen werden kann, ist in Bezug auf den Inhalt kirchlicher Verkündigung eine grosse Chance: Wie kann glaubwürdiger von der freien Gnade gepredigt werden? Besteht nicht gerade jetzt ein ideales Zeitfenster, um mit der materiellen Ausstattung, der flächendeckenden Präsenz und den Privilegien einer bald vergehenden Zeit, die Menschen der Gegenwart mit der Botschaft der freien Gnade zu berühren und so den Boden für die Kirche der Zukunft zu bereiten?

Das Prinzip *sola gratia* eröffnete seit der Reformationszeit den Menschen zwei Möglichkeiten: Einerseits, sich von der Beschäftigung mit dem eigenen Heil ab- und der Welt zuzuwenden, und andererseits das seelische und geistliche, das diesseitige und das jenseitige Heil auch andernorts als in der Kirche zu suchen. Es wäre alles andere als eine zukunftsgerichtete und zukunftsfähige Haltung von Kirchenvertretenden, diesen Umstand zu bedauern. Die Kirche existiert nur aus Gnade, und nicht aufgrund ökonomischer Gesetze oder staatlicher Autorität, selbst wenn sie als weltliche Institution diesen Bezügen ausgesetzt ist. Wenn aber die Gnade verloren geht und nur noch Ökonomie oder staatliche Autorität übrig bleiben, dann braucht es die Kirche nicht. Aufgabe der Kirche ist es, die Menschen «an Christi Statt» (2Kor 5,20) um Versöhnung zu bitten. Wenn sie diese Versöhnung annehmen, dann erfahren sie Gnade. Das reformatorische Prinzip *sola gratia* hat nichts an seiner Aktualität verloren. Und es ist höchste Zeit, es für unsere Zeit zu deuten und zu bezeugen.

3.7 Allein durch den Glauben

So wie Gottes Liebe zu den Menschen der menschlichen Liebe zu Gott vorausgeht, so geht Gottes Glaube an den Menschen dem menschlichen Glauben an Gott voraus. Nur weil Gott seinen Glauben an die Menschen niemals aufgegeben und die Menschen immer geliebt hat, gibt es überhaupt eine Geschichte von Gott und den Menschen. Weil Gott die Menschen nie fallen lässt, ist es möglich, an ihn zu glauben.

Menschliches Leben erfüllt sich durch den Glauben, und nicht durch Leistung; nicht die Befolgung religiöser Gesetze schafft Erfüllung, sondern die Freiheit des Evangeliums. Zwei Differenzierungen werden nun vorgenommen: Einerseits die Unterscheidung von «zwei Glaubensweisen»[47] in Anlehnung an Martin Buber, und andererseits die Unterscheidung verschiedener Arten von Wahrheiten, die geglaubt werden können oder eben nicht.

Neben der in der christlichen Tradition klassischen Unterscheidung zwischen dem Glaubensvollzug (*fides qua creditur*) und den Inhalten des Glaubens (*fides quae creditur*) führt Martin Buber eine eigene Differenzierung zwischen jüdischer und christlicher Glaubensweise ein und schickt voraus, dass seine

47 Buber, Martin, Zwei Glaubensweisen. In: Kuschel, Karl-Josef (Hg.), Martin Buber. Werkausgabe, Bd. 9, Schriften zum Christentum, Gütersloh 2011, S. 202–312.

idealtypischen Beschreibungen nicht generell gültige Aussagen seien. In der christlichen Tradition sieht er allerdings nicht zu Unrecht eine Tendenz, sich besonders mit ganz bestimmten Glaubensinhalten zu befassen und diese zu betonen. Buber sagt diesem Glauben: *Glauben, dass*. Christinnen und Christen *glauben, dass* Christus auferstanden sei. Sie *glauben, dass* sie in den Sakramenten am Heilsgeschehen teilhaben etc. Christ oder Christin ist, wer diesen Glaubensinhalten zustimmt.

Davon unterscheidet er den jüdischen Glauben, der nun eben nicht identisch ist mit dem im christlichen Kontext diskutierten *fides qua*. Der jüdische Glaube versteht sich wesentlich von der Bedeutung des Wortstamms *amn* her, der im Hebräischen die Worte «fest, zuverlässig, gewiss» bezeichnet und uns vom «Amen» am Schluss eines Gebetes bekannt ist. Ein wesentliches Element dieser Wortbedeutung ist auch der Glaube, das beharrliche Glauben. Die Wortgruppe, die aus der hebräischen Wurzel *amn* wächst, deutet darauf hin, dass ein Mensch, der glaubt, in einem Raum des Glaubens lebt und verweilt. Der jüdische Mensch findet sich laut Buber immer schon in diesem Raum vor, selbst wenn er sich von der Glaubenspraxis fernhält.

Der Aargauer Pfarrer und Altphilologe Hans Widmer bezieht diesen Umstand in seinem Buch *Die Bibel wieder entdecken*[48] auch auf nichtjüdische Menschen. Ebenfalls basierend auf dem hebräischen Wortstamm *amn* bezeichnet er ihn als: «Gottes Treue an sich geschehen lassen»[49].

Dieses Verständnis knüpft an die Ausführungen zur unbedingten Liebe Gottes zu den Menschen an. Die Liebe spannt eben diesen Raum des Glaubens auf, in dem sich die Menschen aufhalten, vollkommen unabhängig davon, ob sie den Inhalten und Bekenntnissen des Glaubens (im Sinne des *glauben, dass*) zustimmen oder nicht. Ein Mensch tritt nach diesem Verständ-

48 Widmer, Hans, Die Bibel wieder entdecken. Berlin 2013.
49 A. a. O., S. 12.

nis nicht durch Bekenntnisse zu bestimmten Glaubensinhalten in den Raum des Glaubens ein. Er findet sich immer schon darin vor, kann sich aber frei entscheiden, ob er sich den Inhalten des Glaubens oder dem Angebot Gottes zuwendet oder nicht.

Eine solche Interpretation des Glaubens eröffnet der christlichen Ökumene ganz neue Möglichkeiten. Es geht nicht mehr um die Frage, wer sich im richtigen Raum befindet, wer allenfalls Zutritt dazu hat etc. Es geht vielmehr darum, wie wir diesen einen Raum je unterschiedlich verstehen und das Geschehen in ihm deuten. Wie wir das Abendmahl, die Taufe, die Trinität, die Jungfrauengeburt oder die Auferstehung im dogmatischen Sinne verstehen, wird in diesem Raum zwar nicht unbedeutend, aber doch weit weniger wichtig. Es wird auch weit weniger wichtig, ob unsere je eigene Deutung die einzig wahre ist oder nicht. Diese Frage wurde im Lauf der Geschichte immer wieder überschätzt und führte – nicht nur im Christentum – zu unzähligen Perversionen des Glaubens und der Religion. Ausgrenzung und Herabwürdigung, Gewalt und Krieg lasten als kollektive Schuld auf Kirchen und religiösen Institutionen.

Die zweite Differenzierung, die ich hier, neben den von Buber unterschiedenen Glaubensweisen, vornehmen möchte, ist die Differenzierung verschiedener Kategorien von Wahrheit, die schon von der klassischen Philosophie her angelegt sind. Der praktische Verstand befasst sich nach Aristoteles mit den Fragen der Wirtschaft (*oikonomia*, Haushaltskunst), der Staatskunst (Politik) sowie der Ethik bzw. den Tugenden.[50] Es geht ihm weniger um Wahrheit als um die praktische Gestaltung des Lebens. Der theoretische Verstand hingegen befasst sich mit der Logik und der naturwissenschaftlichen Empirie. Er argumentiert, rechnet und zählt. Er befasst sich ausserdem spekulativ mit den Fragen der Metaphysik – zu denen auch die religiö-

50 Aristoteles, Nikomachische Ethik, Stuttgart 1994.

sen Fragen gehören. Ihm geht es um Wahrheit und weniger um die praktischen Fragen des Lebens. Im Zusammenhang mit den Tätigkeiten des theoretischen Verstandes kann entsprechend von drei verschiedenen Kategorien von Wahrheit ausgegangen werden: Eine *logische* oder *mathematische* Wahrheit ist etwas anderes als eine *empirische* Wahrheit, die im Rahmen naturwissenschaftlicher oder sozialwissenschaftlicher Tätigkeit erkannt wird.

Ganz entscheidend nun ist der Umstand, dass diese Kategorien von Wahrheiten nicht mit den metaphysischen Wahrheiten verwechselt werden. Zur Veranschaulichung: Wenn ein Mensch aus dem Glauben Kraft, Halt, Trost und Hoffnung schöpft, dann ist das für ihn tatsächlich wahr. Er kann es täglich erleben. Kein Atheist kann diese Wahrheit bestreiten. Er kann allenfalls Erkenntnisse der Hirnforschung oder der Neuropsychologie anführen, die aus seiner Sicht eine Begründung für die Überzeugungen des Glaubenden liefern. Die Wahrheit dessen, was ein glaubender Mensch erlebt, kann er dennoch nicht bestreiten. Er kann lediglich empirisch feststellen, dass jemand etwas als «wahr» erlebt, das er ganz und gar nicht nachvollziehen kann. Was nämlich für den Glaubenden als metaphysische Wahrheit hinter diesem auch für andere sichtbaren Erleben steht, ist weder empirisch noch logisch fassbar.

Der Glaube richtet sich auf das, was vom Verstand spekulativ als metaphysische Wahrheit ausgeleuchtet wird. Er öffnet sich in seinem Vollzug für die Frage, was bestimmte Ereignisse, Tätigkeiten, Geschichten und Überlieferungen für Menschen bedeuten, welchen Einfluss sie auf ihr Leben haben. Sowohl diese Bedeutung als auch deren Wirkung auf das Leben betreffender Menschen sind wahr. Achtsames, bewusstes Leben im Raum des Glaubens öffnet sich für diese Wahrheit.

Zu Missverständnissen und Verwechslungen kommt es allerdings immer dann, wenn metaphysische Wahrheiten so geglaubt werden, als wären es empirische oder logisch-mathematische

Wahrheiten. Es hat keinen Sinn zu behaupten, eins plus eins sei drei. Es hat auch keinen Sinn, die Ergebnisse einer sauber durchgeführten empirischen Untersuchung infrage zu stellen.[51]

Aber jeder Mensch hat die Möglichkeit und das Recht, die Auferstehung von Jesus Christus infrage zu stellen und zu behaupten, sie sei unwahr und bedeute ihm nichts. Es hat aber auch jeder Mensch die Möglichkeit zu behaupten, die Auferstehung Christi sei erstens wahr und bedeute ihm zweitens sehr viel, aber er glaube trotzdem nicht, dass Jesus – naturwissenschaftlich nachweisbar – leiblich auferstanden sei. Die Inhalte der Glaubenswahrheit müssen nicht im Sinne empirischer oder logisch-mathematischer Wahrheiten nachweisbar sein, um wahr zu sein und geglaubt zu werden, um Menschen zu berühren und ihr Leben zu verändern. Auch ist es nicht notwendig, die Naturwissenschaft und die Logik so zurechtzubiegen und Wunder zu erklären, dass sie die Glaubenswahrheiten bestätigen. Solche Versuche werden heute und in Zukunft genauso scheitern wie der damalige Versuch der mittelalterlichen Kirche, die Erde weiterhin als Scheibe zu definieren, selbst als alle damals verfügbaren naturwissenschaftlichen Einsichten dagegen sprachen und kein gebildeter Mensch mehr tatsächlich daran glaubte.

Das sind meines Erachtens ganz entscheidende Hinweise, die vielen Menschen des 21. Jahrhunderts den Zugang zu einem *wahren* christlichen Glauben wieder ermöglichen könnten. Dabei müssen weder naturwissenschaftliche Wahrheiten noch Glaubenswahrheit aufgegeben werden. Es ist nur endgültig von der unheilvollen Vermischung unterschiedlicher Kategorien von Wahrheit Abstand zu nehmen. Diese Vermischung führt dazu, dass viele Menschen sich vom Glauben verabschieden, weil sie meinen, er müsse vormodern oder kindlich sein. Die Verwechslung oder Vermischung von Glaubenswahrheiten mit

51 Die *Interpretation* der Ergebnisse empirischer Untersuchungen jedoch kann jeweils durchaus Anlass für Diskussionen sein.

logischen beziehungsweise empirischen Wahrheiten führt im Endeffekt dazu, dass sowohl glaubende als auch nichtglaubende Menschen an den tatsächlichen Glaubenswahrheiten vorbei irregeführt werden.

So wenig nämlich, wie empirisch verstanden werden kann, was wirklich vom glaubenden Menschen als Glaubenswahrheit erkannt wird, kann ein glaubender Mensch aus seinem Glauben heraus etwas über naturwissenschaftliche oder empirische Wahrheiten erfassen. Keiner kann die Wahrheit von Wundern in Konkurrenz zu wissenschaftlichen Erkenntnissen behaupten, vielmehr geht es um ein konkurrenzloses Nebeneinander beider Wahrheiten. Das Wunder einer Heilung durch Jesus ist nicht, dass ein Kranker gegen alle Erkenntnisse – auch seiner damaligen Zeit – ganz fest an die magischen Wunderkräfte von Jesus glaubt. Das Wunder ist, was Jesus ihm nach der Heilung entgegnet: «Dein Glaube hat dich gerettet.»[52] Der Glaube im Sinne des oben beschriebenen Verweilens im Raum der Liebe Gottes kann Menschen heilen, auch kranke. Er repariert nicht, aber er heilt: Gut möglich, dass das eigentliche Gebrechen bleibt, dass aber seelische Heilung möglich wird.

Das ist die Botschaft, die auch heute für kranke Menschen heilsam sein kann und nicht die Hürde der Frage, wie Wunderheilungen zu deuten und zu glauben sind. Ganz abgesehen davon ist es heute Allgemeingut auch der Schulmedizin, dass seelisches Wohlbefinden durchaus positive Folgen auf körperliche Heilungsprozesse hat. Das aber gilt dann nicht mehr als Wunder, sondern als potenziell erklärbarer Prozess. Das eigentliche Wunder ist, dass Gott die Menschen liebt, treu ist und nicht loslässt! Daran zu glauben, selbst als Leidende oder als Kranker, kann Kraft schenken, Hoffnung, Heilung. Jede Seelsorgerin und jeder Seelsorger kann davon berichten.

52 Zum Beispiel: Matthäus 9,22.

Zu guter Letzt kann sich auch kein glaubender Mensch ein abschliessendes Urteil über die Glaubenswahrheiten eines anderen Menschen bilden. Wenn er das tut, verwechselt er ebenfalls die Glaubenswahrheit mit empirischen oder logisch-mathematischen Wahrheiten. Im Bereich der wissenschaftlichen Empirie oder der Logik kann eine Erkenntnis oder eine Aussage begründet als unwahr erkannt und bezeichnet werden. Im Bereich der Glaubenswahrheiten kann nur im offenen, macht- und gewaltfreien Diskurs um die gemeinsame Wahrheit gerungen werden. Das ist immer wieder eine Herausforderung, denn wir neigen dazu, unsere Sichtweise als die einzig wahre zu betrachten. Das ist im Grunde auch gut so, wir würden es nicht aushalten, in permanenter Ungewissheit zu leben.

Sola fide – allein durch den Glauben werden wir gerettet, allein durch den Glauben ist menschliches Leben erfüllt – nicht aber aus missverstandenen Wahrheitsansprüchen heraus: «Denn jetzt sehen wir alles in einem Spiegel, in rätselhafter Gestalt, dann aber von Angesicht zu Angesicht. Jetzt ist mein Erkennen Stückwerk, dann aber werde ich ganz erkennen, wie ich auch ganz erkannt worden bin.»[53]

Das beschriebene, von Buber her dargestellte Verständnis des Glaubens, ermöglicht demnach einen versöhnten Zugang zur Verhältnisbestimmung zwischen Glauben und Naturwissenschaft. Glaube ist nicht einfach da, wo der Verstand am Ende ist, an den Rändern der Wissenschaft, die täglich weiter hinausgeschoben werden. Wissenschaftliche Erkenntnisse, Entdeckungen, Erfindungen geschehen immer schon im Raum des Glaubens völlig unabhängig davon, ob ein Wissenschaftler oder eine Wissenschaftlerin sich dessen bewusst ist, dies auch so wahrnimmt oder nicht. Die verschiedenen Arten von Wahrheit, wie ich sie mit Bezug auf Aristoteles dargestellt habe – naturwis-

53 1. Korintherbrief 13,12.

senschaftlich, logisch, metaphysisch – stehen gar nicht in Konkurrenz zueinander. Sie ergänzen sich vielmehr komplementär. Ich mache diese Aussage vor dem Hintergrund des Glaubens. Es steht jedem Menschen frei, sie aus logischen oder empirisch-naturwissenschaftlichen Gründen infrage zu stellen und abzulehnen.

3.8 Allein aufgrund der Schrift

Beim Prinzip *sola scriptura* setze ich zwei Akzente: Die Bekräftigung des reformatorischen Prinzips und die Abgrenzung gegen den Missbrauch des Exklusivitätsanspruchs.

Bekräftigung: Es darf auch heute vollkommen unbestritten bleiben, dass der Bibel keine Schriften, Traditionen, Lehren und Bekenntnisse beigefügt und für den Glauben als verbindlich und unverzichtbar erklärt werden müssen. «Die Schrift» enthält alles, was ein Mensch braucht, um sich über die Offenbarung Gottes in der menschlichen Geschichte ins Bild zu setzen. Es gibt unzählige Schriften, Bücher, Bekenntnisse und Lehrsätze, die für den Glauben hilfreich sind. Notwendig für den Glauben ist allein die Heilige Schrift Alten und Neuen Testaments.

Abgrenzung: Mit dem Exklusivitätsanspruch der Bibel als Heiliger Schrift wurde und wird allerdings auch heute noch viel Unheil angerichtet: Da, wo er zu enger, biblizistischer Lektüre führt ebenso wie da, wo er dazu dient, die religiösen Texte anderer Traditionen herabzuwürdigen.

Damit meine ich nicht, dass wir dazu übergehen sollten, die Texte der Bibel mit profanen Texten oder den Überlieferungen anderer Religionen gleichzusetzen. Was den christlichen Glauben angeht, so kann man getrost sagen: Die Bibel ist die Quelle, alles andere ist Sekundärliteratur. Allerdings dürfen wir auch angesichts dieser zugespitzten Aussage nicht übersehen, dass die Bibel verschiedenste Schriften beinhaltet, die sich teilweise aufeinander beziehen und über viele Jahrhunderte entstanden sind.

Schon die Bibel selbst enthält demnach «Sekundärliteratur». Ausserdem wurden viele Schriften – wie etwa das Buch des Propheten Jesaja – von nachfolgenden Autoren mehrfach überarbeitet und redigiert. Andere Schriften haben vermutlich wesentliche Teile früherer Schriften verarbeitet, wie etwa das Proto-Evangelium *Q*, dessen Spuren in den drei synoptischen Evangelien nachweisbar sind. Noch andere Schriften stammen nachweislich nicht von der Person, die als Autor ausgewiesen wird.

Die Bibel mit dem Kanon ihrer Bücher ist selbst das Ergebnis einer Geschichte, eines Ringens und einer Auseinandersetzung. Sie ist bis zur uns heute vorliegenden Gestalt gewachsen. Das bedeutet nicht, dass der Kanon der Bibel beliebig reduzierbar oder erweiterbar ist, sondern dass schon von der Entstehungsgeschichte der Bibel her eine biblizistische Lektüre der Heiligen Schrift schlicht nicht angezeigt ist.

Der Exklusivitätsanspruch der Bibel lässt sich vor diesem Hintergrund in der heutigen Zeit nur halten, wenn er sich am im vorangehenden Abschnitt dargestellten Verständnis von Glaube und Wahrheit orientiert. Wer sich an die wortwörtlichen Wahrheiten einer biblischen Schrift – wie etwa des Briefes an die Epheser – klammert, die nachweislich nicht vom angegebenen Autor sein kann, kommt seinem eigenen Wahrheitsbegriff in die Quere. Wer sich den Ergebnissen der Textwissenschaften öffnet, kann sich dagegen den Deutungswahrheiten der entsprechenden Schrift gewinnbringend nähern.

Die Bibel berichtet weder von logischen noch von empirischen Wahrheiten, sondern von metaphysischen Wahrheiten. Sie überliefert uns nicht Erkenntnisse der Naturwissenschaften oder der Mathematik, sie deutet menschliches Leben in der zum Teil – oder gar über weite Strecken – mythischen Sprache ferner Zeiten und Kulturen. Wenn wir uns den Glaubenswahrheiten der Bibel annähern wollen, dann müssen wir die entsprechende Übersetzungsarbeit leisten und uns klar vor Augen halten, dass das, was wir erkennen können, metaphysische Wahrheiten sind. Das verbietet, dass wir unsere Einsichten dazu verwenden, die Einsichten anderer Menschen als ungültig oder minderwertig zu qualifizieren.

Der Anspruch *sola scriptura*, allein aufgrund Schrift, ist eine grosse Aufgabe, eine grosse Verantwortung. Er fordert dazu auf, sich ständig neu mit den Texten der Bibel auseinanderzusetzen. Das kann in verschiedensten Arten geschehen: kontemplativ, meditativ, pietistisch, historisch-kritisch, sozialkritisch, feministisch, tiefenpsychologisch oder esoterisch … Zentral dabei ist immer, dass dabei keine Erkenntnisse logischer und naturwissenschaftlicher Qualität gewonnen werden, sondern Glaubenswahrheiten, Glaubensgewissheiten. Sie erfassen die Welt nicht im Sinne naturwissenschaftlicher Beschreibung und mathematischer Logik, sie deuten menschliches Leben und sind insofern wahr, als sie zu erfülltem Leben beitragen. Niemand ist «im Besitz» der Wahrheit in dem Sinne, dass er oder sie diesen Besitz gegen andere Menschen verteidigen oder gar durchsetzen müsste. Wie aber lässt sich ein solches Schrift- und Lektüreverständnis gegen die absolute Beliebigkeit – auch der Textinterpretationen – abgrenzen? Martin Luther empfahl einen aus der Schrift selbst hergeleiteten hermeneutischen Zugang. Er brachte die Antwort auf diese Frage in seinen Vorreden zum Neuen Testament auf die einfache Formel: «Was Christum predigt und treibet». Luther führt in diesem Zusammenhang aus, dass nicht apostolisch sei, was dem Evangelium Christi widerspricht, selbst wenn Petrus oder Paulus es lehrten und umgekehrt, dass apostolisch sei, was «Christum predigt … selbst wenn es Judas, Hannas, Pilatus und Herodes täte[n]».[54]

Hier schliesst sich der Kreis zum oben geforderten fünften reformatorischen Prinzip: Allein durch die Liebe. Die Frage

54 Luther, Martin, Vorreden zur Bibel, (hg. von Heinrich Bornkamm), Hamburg 1967, S. 216 f.

nach dem grössten Gebot,[55] insbesondere die ergänzende Aussage von Jesus: «An diesen beiden Geboten hängt das ganze Gesetz und die Propheten», ist nicht nur der hermeneutische Schlüssel zum Verständnis der biblischen Texte, sondern auch die normative Richtschnur zum Umgang mit Textinterpretationen und Lebensdeutungen, die aus der Bibellektüre gewonnen werden.

In der Reformationszeit – kulturgeschichtlich verstanden ein Phänomen im Kontext von Renaissance und Humanismus – galt, nicht nur für die Lektüre der Bibel, der Grundsatz der Rückkehr zu den Quellen. Man wollte die Bibel in ihren ursprünglichen Sprachen Hebräisch und Griechisch lesen und von dort her in die Gegenwartssprache übersetzen. In der vorreformatorischen Kirche üblich war damals die Arbeit mit der lateinischen Übersetzung der Bibel, der Vulgata. Zeugnisse dieser Entwicklung sind die Veröffentlichung des ersten vollständigen, gedruckten Neuen Testaments durch Erasmus von Rotterdam in Basel 1516, die Bibelübersetzung Luthers oder die Arbeit der Zürcher «Prophezei», wo in der Reformationszeit unter Zwinglis Leitung täglich Texte des Alten und des Neuen Testaments übersetzt und ausgelegt wurden.

Exegese und Bibelwissenschaften haben seither eine enorme Entwicklung durchgemacht. Unter diesen Vorzeichen ist das Prinzip *sola scriptura* neu und anders zu verstehen als in der Reformationszeit. Zurück zu den Quellen, allein aufgrund der Schrift muss in unserer Zeit bedeuten, die Ergebnisse der Bibelwissenschaften und die Geschichtlichkeit unserer konstituierenden Schriftquelle ernst zu nehmen. Dem Anspruch *sola scriptura* lässt sich im 21. Jahrhundert nur in dieser Perspektive gerecht werden. Die exklusive Wahrheit der Bibel ist metaphysisch. Sie ist wahr für diejenigen Menschen, denen die Schrift den Zugang zum Glauben eröffnet und ihr Leben wahrhaft deutet.

55 Matthäus 22,34–40.

Was es gegenüber Christinnen und Christen, Angehörigen anderer Religionen und atheistisch oder agnostisch gesinnten Menschen aus der Lektüre der Bibel heraus zu sagen gibt, kann nur in der Lebensdeutungs-Perspektive der unbedingten Liebe Gottes und in der Antwort des Menschen auf diese Liebe im Sinne des dreifachen Liebesgebotes verstanden werden. Alles andere sind meines Erachtens Missverständnisse, Fehldeutungen oder gar Missbräuche der Heiligen Schrift.

4. Kirchliche Verkündigung

Mit diesem Buch möchte ich Leserinnen und Leser nicht nur zu einer Debatte über die notwendige Reformulierung des Glaubens einladen, sondern in der Konsequenz auch zu einer Reform der kirchlichen Verkündigung. Die blosse Reformulierung des Glaubens bedeutete ein selbstgenügsames Stehenbleiben auf halbem Weg. Christlicher Glaube ist auf Verkündigung ausgerichtet. Dass die Verkündigung in einer Krise ist, wurde im Abschnitt 1.4 schon ausführlich beschrieben. Auf eine knappe Formel gebracht manifestiert sich die Krise wesentlich in zwei Punkten:

- Viele Menschen – auch Mitglieder unserer Kirche – sind kaum mehr mit den Inhalten des christlichen Glaubens vertraut. Die meisten wurden durch den kirchlichen Unterricht nicht an einen mündigen Umgang mit dem Glauben herangeführt.
- Die klassische gottesdienstliche Verkündigung erreicht immer weniger Menschen.

Diese Krise manifestiert sich umso deutlicher – oder sie kommt erst recht unter der Oberfläche hervor –, seit die «Massenträgheit» der Tradition ihre Wirkung zunehmend verliert. Man schickt die Kinder immer weniger zum kirchlichen Unterricht, «einfach weil das halt dazu gehört». Man geht zur Hochzeit und zur Beerdigung nicht mehr zwingend in die Kirche. Auch Weihnachten lässt sich problemlos ohne einen traditionellen Gottesdienstbesuch am Heiligabend feiern. Solange die Menschen aus Tradition noch zu diesen Anlässen in die Kirche kamen, wurde die Krise der Verkündigung kaum manifest, obwohl sie möglicherweise schon längst ihre Wirkung entfaltete.

Es gibt bisher idealtypisch drei Arten, mit dieser Krise «umzugehen». Das Leben ist selbstverständlich viel differenzierter und farbiger. Der Versuch einer idealtypischen Unterscheidung soll keineswegs Personen oder Gemeinden abstempeln, sondern dient als stark vereinfachendes Wahrnehmungsraster, das die Strukturierung eines facettenreichen Phänomens ermöglicht. *Erstens*: So tun, als gäbe es keine Krise. *Zweitens*: Biblizistische Verkündigung. *Drittens*: Inhaltsleere Verkündigung in Bezug auf die Kerngehalte des Glaubens.

- *So tun, als gäbe es keine Krise*

Es liegt meines Erachtens auf der Hand, dass dies keine valable Option ist. Es würde bedeuten, die althergebrachten Formen der Verkündigung unreflektiert und unkritisch und an den Bedürfnissen der Menschen des 21. Jahrhunderts vorbei weiterzuführen. Man würde sich hinter zu Worthülsen verkommenen Aussagen grosser theologischer Entwürfe des 19. und 20. Jahrhunderts verstecken und damit lediglich den stets kleiner werdenden Kreis derer bedienen, die damit noch vertraut sind.

- *Biblizistische Verkündigung*

Gemeinden, die einen biblizistischen Gottesdienst- und Verkündigungsstil pflegen, sind oft sehr engagiert und aktiv. Sie werden ganz offensichtlich den Bedürfnissen vieler Menschen unserer Zeit sehr gut gerecht. Grundkenntnisse der Bibel und der Glaubensinhalte sind im Umfeld solcher Verkündigung grösser, besser verankert und lebendiger als in Gemeinden mit anderen Verkündigungsstilen. Die Menschen leben expliziter mit den Inhalten ihres Glaubens.

Das, was Menschen aufgrund dieser Art von Verkündigung erfahren, sind Glaubenswahrheiten, wie sie im Abschnitt 3.7 beschrieben wurden. Es widerspräche dem hier postulierten inklusiven Verständnis gelebter evangelischer Liebe, biblizistische Frömmigkeit – oder gar die Menschen, die sie leben – pauschal etwa als «evangelikal» zu schubladisieren. Dennoch ist aus meiner Sicht – derjenigen einer landeskirchlichen Kirchenleitung – unübersehbar, dass biblizistische Verkündigung oft desintegrierend wirkt. Das Pochen auf ganz wörtlich verstandene Lektüre und in der Folge auf explizite, an ihren Äusserungen klar identifizierbare Frömmigkeit, stösst viele Menschen ab, die Mühe mit Glaubensäusserungen bekunden, die aus ihrer Sicht mit Denkabbrüchen oder –verboten verbunden sind. Desintegrierend wirkt auch die gängige Praxis, beinahe ausschliesslich Menschen als «Christen» zu bezeichnen, die sich diesem bestimmten Frömmigkeitsstil angeschlossen haben.

Auf biblizistischer Lektüre und Verkündigung basierende Frömmigkeit beinhaltet zudem oft sehr Widersprüchliches: Anhänger des Kreationismus zum Beispiel, welche die Schöpfungsgeschichte im Sinne der im Abschnitt 3.7 beschriebenen Vermischung verschiedener Kategorien von Wahrheit lesen und sich gegen die Erkenntnisse der Naturwissenschaften stellen, pflegen gleichzeitig einen Lebensstil, der ohne die Annehmlichkeiten der auf naturwissenschaftlichen Erkenntnissen basierenden Technik undenkbar wäre.

Biblizistische Verkündigung kann wie gesagt sehr erfolgreich sein und viele Menschen ansprechen. Vorbild sind in diesem Zusammenhang immer wieder Freikirchen und *Megachurches* amerikanischen Zuschnitts. Nicht auszuschliessen, dass auch im Rahmen der bestehenden Landeskirchen sogenannt «evangelikale» Gemeinden in Zukunft eine weitere Stärkung erfahren werden. Von ihnen können auch im Kontext einer Landeskirche bereichernde Impulse ausgehen. In einer unternehmerischen Optik wäre eine Reform kirchlicher Verkündigung im Sinne evangelikaler Frömmigkeit möglicherweise sogar erfolgversprechend: Eine kriselnde Grossunternehmung mit breitem, unklarem Angebot kann durch eine Fokussierung auf ein klar erkennbares Angebot für ein klar umrissenes Kundensegment verkleinert und auf die Erfolgsstrasse zurückgeführt werden. Warum sollten Kirchen sich dem verschliessen? Weil dieser Weg in vielen Aspekten dem widerspricht, was im Kapitel 3 zur Reformulierung des Glaubens dargelegt wurde. Die im Abschnitt 3.5 angedeutete, notwendige Auseinandersetzung mit dem Verständnis des Opfertodes von Jesus zum Beispiel wäre unter diesen Vorzeichen kaum zu leisten.

Auf biblizistischer Lektüre gründende Verkündigung kann überdies wichtige Kerngehalte des Glaubens unter einer Schicht missverstandener Wahrheitsansprüche verschüttet lassen: Wer getreu den Wörtern der Bibel glauben muss, dem bleiben möglicherweise wesentliche Bedeutungsdimensionen des Wortes Gottes verschlossen. Wer einen bestimmten Frömmigkeitsstil pflegen muss, um als «Christ» anerkannt zu werden, der «zum Glauben gekommen» ist, der empfängt sein Heil letztlich nicht aus dem Glauben, sondern aus der persönlichen Leistung einer Bekehrung und der Pflege eines konformen Frömmigkeitsstils heraus.

Es ist mir ein Anliegen, hier noch einmal zu betonen, dass diese Beschreibung «biblizistischer Lektüre und Verkündigung» oder «evangelikaler Frömmigkeit» idealtypisch verkürzt ist und keinesfalls ein Urteil über all jene Menschen und Gruppierungen fällen möchte, die sich selbst als evangelikal verstehen. Es wird und muss auch in Zukunft im Raum der Landeskirchen immer Platz für derart geprägte Gruppen in unseren Gemeinden haben. Dennoch soll ebenso klar festgehalten werden, dass eine Reform kirchlicher Verkündigung im evangelikalen Sinn – insbesondere aus theologischen Gründen – kein in strategischer Sicht vorzusehender und gangbarer Weg für eine Landeskirche reformierter Tradition ist. Die Reform der Verkündigung soll in eine Richtung gehen, welche die Kerngehalte des Glaubens ins Zentrum stellt ohne die die polarisierende und damit ausschliessende Wirkung, die von einem falsch verstandenen (weil die verschiedenen Kategorien von Wahrheit vermischenden) Wahrheitsanspruch ausgehen kann.

- *Inhaltsleere Verkündigung in Bezug auf die Kerngehalte des Glaubens*

Die Schere zwischen akademischer Theologie und kirchlicher Verkündigung, und die damit zusammenhängende Verunsicherung vieler Pfarrerinnen und Pfarrer, führen teilweise zu Berührungsängsten, von den Kerngehalten des Glaubens in der Verkündigung reden. Das Ergebnis sind Unterrichtssequenzen im Konfirmandenunterricht, Predigten oder Angebote der Erwachsenenbildung, die mit Blick auf Lebensbewältigung und -deutung durchaus wertvoll sein können, aber keinen nur schon andeutungsweise erkennbaren Bezug zu dem haben, was das Evangelium zum Leben der angesprochenen Menschen mitzuteilen hätte. Oft hilft auch ein Bibelvers am Anfang oder ein «christologischer Schnörkel» am Ende der Predigt nicht über den Mangel hinweg, dass die christliche Botschaft auch für Eingeweihte kaum mehr als solche erkennbar ist. Das disqualifiziert in keiner Weise die lebensdeutende Kraft allgemein humanistischer oder philosophischer Überlegungen, poetischer Texte oder der Märchen ferner Länder und Kulturen. Aber weshalb braucht es dann noch Kirche und christliche Verkündigerinnen und Verkündiger? Je weniger es den Dienerinnen und Dienern am göttlichen Wort[56] gelingt, die Deutungskraft dieses Wortes in der Verkündigung zu entfalten, desto überflüssiger wird in den Augen moderner Menschen diese Verkündigung.

Von hoher Bedeutung für die Glaubwürdigkeit und Erkennbarkeit christlicher Verkündigung ist das Zusammenspiel von Verkündigung und Verkündigenden. Verkündigung ist ein Kommunikationsgeschehen im umfassenden Sinn: Das Leben der Verkündigenden, das Verhalten aller Ordinierten, Beauftragten, Ehrenamtlichen, ja der ganzen Gemeinde ist performative

56 Lateinisch: Verbi Divini Minister (Diener am göttlichen Wort, VDM) ist der Titel, der zum Pfarrdienst ordinierten Theologinnen und Theologen.

Kommunikation in Bezug auf das Evangelium. Explizit kommt dies in Ordinationsgelübden zum Ausdruck. Im Gelübde der Reformierten Landeskirche Aargau zum Beispiel geloben Pfarrerinnen und Pfarrer, sich «im Leben vom Geist des Evangeliums bestimmten zu lassen»[57] und Zürcher Pfarrerinnen und Pfarrer geloben, «im Gehorsam gegenüber Jesus Christus diesen Dienst durch [ihr] Leben zu bezeugen, wo immer [sie] hinberufen werde[n]»[58].

Die Wirkung ist nicht zu unterschätzen, die die Einschätzung des Verhaltens von Repräsentantinnen und Repräsentanten der Kirche auf die Glaubwürdigkeit kirchlicher Verkündigung hat. Wer immer im kirchlichen Dienst steht oder sich ehrenamtlich oder freiwillig für die Kirche engagiert, ist herausgefordert, sich ständig selbst zu prüfen. Manch unbeholfenes Wort, manch spontane Liebestat bezeugt das Evangelium kräftiger als geschliffene theologische Rede, vorgetragen von einem Menschen, der vielen durch sein Verhalten als unglaubwürdig erscheint. Für viele Menschen im kirchlichen Dienst ist es belastend, dass so viel an ihnen als Person hängen soll: Sie fühlen sich auch in ihrem Privatleben beobachtet und dadurch unfrei; und sie kennen ihre eigenen Stärken und Schwächen und fürchten sich vor Versagen. Glaubwürdigkeit ist ausserdem nicht für alle dasselbe: Während zum Beispiel ein Pfarrer, der sich oft im Wirtshaus aufhält und mit dem Stammtischpublikum diskutiert, diesem umso glaubwürdiger erscheint, bekunden andere wiederum genau mit diesem Verhalten Mühe und ziehen eine eher distanziert wirkende Pfarrerin vor, die eine ausgezeichnete Predigerin ist.

57 Kirchenordnung der Evangelisch-reformierten Landeskirche des Kantons Aargau, § 70.

58 Kirchenordnung der Evangelisch-reformierten Landeskirche des Kantons Zürich, Art. 108.

Doch davor sollten sich Menschen, die von der evangelischen Botschaft berührt sind, nicht zu sehr fürchten. Ohne einer falschen Selbstgenügsamkeit zu verfallen, dürfen sie darauf vertrauen, dass ihr Berührtsein andere Menschen berühren wird. Ihr Feuer wird Glaubensfunken auf andere Menschen überspringen lassen. Nicht jederzeit gleich stark, nicht auf jede und jeden. Aber genau dafür sind wir Gemeinde! Niemand muss alles können und alles für alle sein. Diese Einsicht kann gleichzeitig vor Selbstüberschätzung und vor Selbstüberforderung schützen: bescheiden machen und entlasten. Es ist allerdings auch ein Hinweis darauf, wie sorgfältig Stellen besetzt und Teams zusammengestellt werden sollten. Auf Pfarrerinnen und Pfarrer bezogen, bedeutet es zum Beispiel, dass Gemeinden sich trotz absehbarem Pfarrmangel keinesfalls zu Fehlbesetzungen verleiten lassen sollten. Aufgrund der besonderen Exponiertheit der Pfarrerinnen und Pfarrer wird durch ungeschickt und unglaubwürdig agierende Stelleninhaberinnen und Stelleninhaber oft mehr Schaden verursacht als durch eine Vakanz. Gleiches gilt für Sozialdiakoninnen und Sozialdiakone, für weitere Beauftragte oder Behördenmitglieder. Konflikte und Streitereien in Gemeinden absorbieren nicht nur unnötig viel Energie, sie haben auch höchst negative Auswirkungen im Sinne der oben erwähnten «performativen Kommunikation», weit über die Grenzen einer Kirchgemeinde hinaus.

Es gehört zu den grossen Herausforderungen von Kirchgemeinden, dass das gesamte öffentliche Wirken der Gemeinde und ihrer Repräsentantinnen und Repräsentanten als «performative Kommunikation» und insofern als eine Form der Verkündigung wahrgenommen wird. «Das soll Kirche sein?», hört man oft von Menschen, die zum Beispiel von einer Entscheidung der Kirchenpflege oder dem Verhalten einer Pfarrerin oder eines Pfarrers enttäuscht sind. Was im negativen Fall öfter an- und ausgesprochen wird, gilt aber selbstverständlich auch im positiven Fall. Menschen reagieren positiv auf öffentliches Wirken der Kirche und ihrer Repräsentantinnen und Repräsentanten, wenn sie deren Verhalten als kongruent empfinden mit dem, was sie als Kernbotschaft der Kirche und des Glaubens verstehen.

Vor dem Hintergrund dessen, was ich oben in den Abschnitten über die reformatorischen *soli* geschrieben habe, plädiere ich für eine Haltung und ein Verhalten von Gemeinden, die sich den Mitgliedern gegenüber an der vorausgehenden Liebe Gottes zu den Menschen, am Glauben Gottes an die Menschen und an der Gnade orientieren. Das ist ganz entscheidend für die Zukunft der volkskirchlich geprägten Landeskirchen mit einer grossen Zahl von Mitgliedern, die sich wenig oder kaum am sichtbaren kirchlichen Leben beteiligen.

Auch in dieser Hinsicht steckt unsere Verkündigung in einer Krise. Ich spitze zu: Ausgehend von der Frustration über schwindende Mitgliederzahlen, abnehmende Gottesdienstteilnahme und weitere Symptome des Bedeutungsverlustes traditioneller Kirchlichkeit, neigen nämlich viele Gemeinden dazu, implizit zwischen «guten» und «schlechten» Mitgliedern zu unterscheiden. «Gute Mitglieder» kommen oft zum Gottesdienst und beteiligen sich an den Angeboten und Aktivitäten der Kirchgemeinde. «Schlechte Mitglieder» sind distanziert und lassen sich für keine Form der sichtbaren Partizipation gewinnen. Die Botschaft der über diese Haltung vermittelten performativen Kommunikation ist: Um ein gutes Mitglied zu sein, musst du etwas tun: Du musst mitmachen! Es wird mehr erwartet von dir, als einfach Mitglied zu sein. Diese Botschaft verträgt sich jedoch schlecht mit der vorausgehenden Liebe desjenigen Gottes, der die Menschen in einen Raum der Gnade stellt und sie zur Umkehr ruft, damit sie seine Treue an sich geschehen lassen.

Eine Haltung und ein Verhalten, das sich an dieser Botschaft orientiert, schätzt jeden Menschen und jedes Mitglied so, wie es ist. Loyalen, aber distanzierten Mitgliedern soll, wenn sie wieder einmal mit der Kirche in Kontakt kommen, nicht das Gefühl vermittelt werden, dass eigentlich mehr von ihnen erwartet würde. Der Pfarrer sagt zum Beispiel vor voller Kirche anlässlich der Konfirmation: «Es wäre schön, ich hätte jeden Sonntag so eine volle Kirche!» Alle Mitglieder sollen im Gegenteil als solche wertgeschätzt werden, welche die Arbeit der Kirche ideell und finanziell mittragen und jederzeit willkommen sind, wenn sie den sichtbaren Kontakt zur Kirche suchen. Diese Haltung muss in Zukunft Standard sein im Kontakt zu loyalen, aber distanziert verbundenen Mitgliedern. Damit kann mindestens ansatzweise sichergestellt werden, dass die «performative Kommunikation» der Kirche mit dem Evangelium von Jesus Christus kongruent ist.

In der Folge geht es nun aber wieder um die explizite Verkündigung. Die Herausforderung in diesem Bereich liegt darin, einen neuen Umgang mit der Krise aufzuzeigen. In den nächsten Abschnitten versuche ich, diese Herausforderung skizzenhaft anzugehen.

4.1 Religionspädagogik

Die Religionspädagogik als Teil kirchlicher Verkündigung hat im Normalfall zum Ziel, die Kinder und Jugendlichen mit den Inhalten der Bibel und des Glaubens vertraut zu machen und sie an einen mündigen, selbstverantworteten Glauben heranzuführen. Sie steht in einem Bezug zur Taufe und zu Tauferinnerungs- und bestätigungsfeiern wie der Konfirmation.

Noch unsere Eltern, gewiss aber unsere Grosseltern mussten wesentliche Teile des im Abschnitt 3.2 erwähnten Heidelberger Katechismus im Konfirmandenunterricht auswendig lernen. Der Katechismus hatte ursprünglich das Ziel, Glaubende an religiöse Mündigkeit heranzuführen. Der Begriff «Mündigkeit» ist hier im Kontext der Bildungsmöglichkeiten der Renaissance zu verstehen: Der Katechismus ist eine didaktische Form aus einer Zeit, in der nicht jedem Schüler und jeder Schülerin ein Buch und Notizpapier zur Verfügung standen. Die Wissensaneignung geschah durch Auswendiglernen. Das Gelernte sollte dann in spezifischen Situationen abrufbar sein und als Entscheidungshilfe, Argument oder gleich als Antwort bereitstehen.

Gegenüber früheren Zeiten, in denen Bildung für viele Menschen kaum zugänglich war, war dies ein enormer Fortschritt. Im Lauf der Jahrhunderte wurde jedoch die didaktische Form des Auswendiglernens von der Entwicklung und dem Bildungsideal der Aufklärung überholt. Doch die Grundabsicht des Katechismus, Menschen an einen mündigen Umgang mit dem Glauben heranzuführen, ist heute so aktuell wie vor 450 Jahren.

Der Trend der Religionspädagogik und der Pädagogik ganz allgemein geht heute weg von der Vermittlung und Aneignung enzyklopädischen Wissens zur Entwicklung spezifischer Kompetenzen. Dieser Trend ist im Kontext der geradezu explodierenden Menge von Daten und Informationen sowie der technologiebasierten Vernetzung gewiss mehr als eine flüchtige Mode.

Es ist fast ausgeschlossen, sich in einem bestimmten Gebiet alles relevante Wissen anzueignen. Schon nur die Fähigkeit tatsächlich benötigte Informationen zu suchen und zu filtern, ist eine eigene Kompetenz. Gleichwohl ist es unerlässlich, dass glaubende Menschen über einen Grundbestand an Wissen verfügen. Ich wage zu behaupten, dass in vielen Fällen, in denen christlicher Glaube erfolgreich als Vorwand für Streit und Gewalt missbraucht wird, der Grund dafür das Fehlen dieses Basiswissens ist. Sowohl Zustimmung als auch Ablehnung des Glaubens sollten auf der Basis ausreichenden Wissens über den Glauben geschehen. Die Herausforderung der Religionspädagogik unserer Zeit ist es demnach, einen Grundbestand an Wissen über Bibel und christlichen Glauben zu vermitteln, so dass er Menschen mit der Kompetenz ausstattet, sich ein selbstbestimmtes Urteil über den Glauben zu bilden (zustimmend oder ablehnend) und – im Falle der Zustimmung – ein mündiges Leben als Glaubende zu führen. Nicht mehr enzyklopädisches Wissen, sondern exemplarische Inhalte sollen vermittelt werden, die gleichzeitig die Entwicklung entsprechender Kompetenzen und einen selbstbestimmten und mündigen Umgang mit dem Glauben ermöglichen. Zu diesen Inhalten gehören biblische Geschichten und Texte (zum Beispiel Psalmen), welche die Kernbotschaften des Glaubens im Sinne der fünf reformatorischen Prinzipien vermitteln.

Die Erfahrung zeigt, dass eine Mehrzahl junger Menschen nach der Konfirmation weniger Anteil am kirchlichen Leben nimmt. Umso wichtiger ist, dass sie nicht nur über christliche Ethik und andere Religionen gesprochen, sondern eben auch diesen Grundstock an Basiswissen erworben haben. Zum Zeitpunkt der Konfirmation sollten sie in den Grundzügen verstanden haben,

- wie wichtig die vorausgehende Liebe Gottes zu den Menschen ist und wie diese aus der Freiheit des dreifachen Liebesgebotes heraus ein erfülltes Leben führen können: *sola caritate.*
- wie wir heute inklusiv vom «spezifisch Christlichen» reden können, ohne einen falschen Exklusivitätsanspruch zu erheben, der andere Menschen und Glaubensrichtungen herabwürdigt: *solus Christus.*
- wie wir das Leben und die Versöhnung (Heil) aus lauter Gnade empfangen und trotzdem nicht der Illusion der «billigen Gnade» verfallen: *sola gratia.*
- was Glaube ist und wie dessen Wahrheit erfahren werden kann, ohne dass diese mit den Wahrheiten der Naturwissenschaften und der Logik verwechselt wird: *sola fide.*
- wie wir die Bibel als einzige Quelle des Glaubens (alles andere ist Sekundärliteratur) lesen können: *sola scriptura.*

Dann werden sie sich kompetent und selbstbestimmt zum Glauben verhalten oder aus dem Glauben leben können, der nichts mit einem belanglosen Kinderglauben zu tun hat, von dem man sich abgrenzen müsste. Dass die Jugendlichen sich am Glauben orientieren möchten, ist bei einer angemessenen Vermittlung dieser Inhalte und Kompetenzen sehr wahrscheinlich. Hinter diesen Anspruch sollten wir keinesfalls zurückgehen.

Eine Reform der kirchlichen Verkündigung im Bereich der Religionspädagogik bedeutet, Kerngehalte des christlichen Glaubens durch biblische Geschichten und Texte zu vermitteln. Dies trägt gleichzeitig dazu bei, dass Kompetenzen für die religiöse Urteilsfähigkeit und den mündige Glauben entwickelt werden.

4.2 Erwachsenenbildung

Die im kirchlichen Religionsunterricht erworbenen Kompetenzen sowie das biblische und kirchliche Basiswissen entwickeln sich im Lauf des Lebens. Das Leben stellt in der Jugend erworbenes Wissen, nicht zuletzt in Fragen des Glaubens, im Erwachsenenalter immer wieder auf den Prüfstand. Die ab den 70er-Jahren entwickelte kirchliche Erwachsenenbildung folgt auch heute dem Gedanken einer *education permanente*: es erschliesst sich bis ins hohe Alter hinein Neues. Im Feld des Glaubens geht es dabei weniger um neue Wissensaneignung oder um das Erlernen neuer Techniken, wie es uns der heutige Alltag dauernd abfordert. Es geht vielmehr darum, dass alte Gewissheiten sich noch bis an die Schwelle des eigenen Todes – und nicht zuletzt im Zweifel – immer weiter entfalten und vertiefen können. Der mündige Glaube eines jungen Erwachsenen ist nicht derselbe wie der souverän-reife einer 80-Jährigen.

Informationsvermittlung und Wissensaneignung – auch theologische – erfolgt heute wie in andern Lebensbereichen oft über das Internet und andere neue Medien, und dies durchaus qualifiziert. Es zeichnet jedoch die Kirche als Such- und Weggemeinschaft aus, dass sie auch in unserer individualisierten und digitalisierten Zeit – sowohl auf Gemeindeebene als auch übergemeindlich – Gefässe anbietet, die lebendiges Lernen in Begegnung und als Dialog ermöglichen. Zu relevanten und komplexen Themen sind klassische Gefässe wie Vortragsabende und Diskussionsrunden nach wie vor gezielt anzusetzen. Fast alle Lebensthemen können mit Bezug zum Glauben Thema kirchlicher Angebote werden. Die Kirche eignet sich hervorragend für den Dialog und bietet Raum für die bisweilen unübersichtliche Vielfalt verschiedener Ansichten und Haltungen unserer Gesellschaft. Erfolgreiche Veranstaltungen können sowohl individuelle wie auch gesellschaftliche Fragestellungen zum Thema haben. Das Spektrum reicht von Beziehungs- und Elternfragen über den interkulturellen und interreligiösen Dialog bis zu brisanten gesellschaftspolitischen Herausforderungen.

Darüber hinaus kann die Kirche sich als Trägerin von Bildungsangeboten – oder nur schon als Anbieterin von Räumlichkeiten – positionieren. Sie kann auch selbst Themen ausschreiben und die Leitung entweder delegieren oder durch eigene qualifizierte Mitarbeitende wahrnehmen. Dabei muss zwischen Moderation und Vermittlung von Inhalten unterschieden werden. Diese Rollenteilung empfiehlt sich auch, wenn Theologisches im Sinne eines «Religionsunterrichts für Erwachsene» vermittelt wird, wie etwa Themen zur Bibel, zu Fragen des Glaubens oder der christlichen Ethik. Die Gemeindeglieder sollen Gelegenheit haben, Themen aus ihrem Interessen- und Fachbereich einzubringen – und auch zu gestalten. Während in früheren Jahrzehnten oft bekannte auswärtige Referentinnen und Referenten für frontale Vortragsveranstaltungen eingeladen wurden, steht heute mehr selbstorganisiertes Lernen im Vordergrund. Dieses qualitativ gut zu organisieren, kann eine Aufgabe kirchlicher Mitarbeitender sein, kann aber auch an kompetente

Gemeindeglieder – zum Beispiel einer Kommission für Erwachsenenbildung – übertragen werden.

In unserer sehr individualisierten Zeit gilt es, neue Gemeinschaftsformen zu finden und zu erproben: neben klassischen Hauskreisen und Interessens- und Schicksalsgruppen, die sich selbst unter dem Dach der Kirche organisieren, gehören dazu auch Einzelanlässe oder Gefässe in Seminarform: diese beinhalten sowohl den Dialog und die persönliche Begegnung als auch Gemeinschaftserlebnisse (wie etwa gemeinsames Essen, Kinderprogramme oder Ausflüge). Spiritualität und Leben aus dem Glauben werden durch solche Impulse bereichert.

Einer guten Gestaltung und der Moderation, vor allem bei emotional aufgeladenen Themen, kommen dabei eine Schlüsselrolle zu: Beides ermutigt, sich in Freimut einzubringen, und beides ermöglicht es, sich als wertgeschätztes Individuum als Teil einer Gemeinschaft tiefer mit andern Menschen zu verbinden – und Kirche als bereichernde Gemeinschaft zu erleben. Verbindlichkeit in Freiheit statt Angst vor christlicher Einheitsmeinung: Gemeinschaft in versöhnter Vielfalt ist ein Qualitätsmerkmal und eine Folge von zeitgemässer kirchlicher Bildungsarbeit mit Erwachsenen.

4.3 Diakonie

Sofern Bildungsarbeit mit Erwachsenen aktuelle Lebensfragen aufgreift, ist ihre Verbindung zum persönlichen Engagement naheliegend. Der kirchliche Begriff dafür ist von alters her «Diakonie».

Doch Diakonie ist weit mehr als praktisches Engagement für eine Sache. Diakonie ist Zeugnis des Glaubens und der Nachfolge. Insofern ist Diakonie auch Verkündigung. Der Dienst der Verkündigung obliegt demnach nicht allein den Pfarrerinnen und Pfarrern, auch nicht den Sozialdiakonen und Sozialdiakoninnen, sondern der ganzen Gemeinde. Durch die Art und

Weise, wie sich vom Glauben getragene Menschen in die Gesellschaft einbringen, das Evangelium in der Nachfolge von Jesus tätig bezeugen, geschieht Verkündigung: performative Kommunikation. Es ist dabei nicht nötig, dass zu jeder guten Tat noch der Hinweis auf das persönliche Berührtsein vom Glauben erfolgt. Diakonie als evangelischer Dienst an der Gesellschaft kann in der Politik, im Vereinsleben, in der Nachbarschaftshilfe oder am Arbeitsplatz gelebt werden: Solidarität, Achtsamkeit und Aufmerksamkeit, beherzte Hilfe, der Blick für Ausgegrenzte, das Engagement für Frieden und Gerechtigkeit – nicht, dass nur christliche Diakonie für solche Werte eintreten könnte oder würde. Es soll auch nicht jede gute Tat stets als unbewusst diakonische Tat christlich vereinnahmt werden. Aber christlicher Glaube wirkt unglaubwürdig, wenn er nicht auch teilweise in einem entsprechenden Engagement sichtbar wird.

Freiwilligenarbeit von Christinnen und Christen kann weit über die institutionellen Grenzen unserer Kirchgemeinden hinaus als diakonisches Engagement wahrgenommen und gelebt werden. In diesem Zusammenhang stellt sich die Frage, was Menschen heute unter «christlichen Werten» verstehen. Hier liegt ja oft einiges im Bereich des Diffusen. Und dennoch: Wenn man auf die sozialen – oder eben diakonischen – Engagements von Kirchen oder einzelnen Christinnen und Christen zu sprechen kommt, dann hat dies für die Menschen eine hohe Plausibilität und Legitimität als etwas «Kirchliches» oder «Christliches». Also könnten auch umgekehrt mehr Menschen – sensibilisiert durch Gottesdienst, Religionsunterricht oder Erwachsenenbildung – ihr Engagement zugunsten der Öffentlichkeit, der Gemeinschaft, des Vereins, der Gemeinde oder der Nachbarschaft selbst als aus dem Glauben und der Nachfolge motiviertes, diakonisches Engagement wahrnehmen. Die Kirche hat kein Monopol auf diakonisch verstandene Freiwilligenarbeit. Ein Fussballtrainer, der Kindern aus finanziell schwächeren Familien die Teilnahme am Trainingslager ermöglicht, die Lehrlingsverantwortliche im Betrieb, die Jugendliche aus bildungsfernen Familien an ein selbstbestimmtes und erfolgreiches Berufsleben heranführt – es braucht keine religiöse Haltung, um solche Dinge zu tun. Aber wer im christlichen Glauben beheimatet ist, kann sein Handeln auch noch mit anderen Augen sehen, und es Diakonie nennen.

In Bezug auf die Verkündigung sind Erwachsenenbildung und Diakonie deshalb oft nah beieinander: zwei Seiten des gleichen Phänomens. Bildung kann die Augen dafür öffnen, dass mitmenschliches Engagement als diakonisches Zeugnis verstanden werden kann. Kurse zu Palliative Care und Begleitung zum Beispiel, wie wir sie in der Aargauer Landeskirche als Bildungsangebot seit einigen Jahren erfolgreich anbieten, haben einen aus- oder einen weiterbildenden Charakter. Gleichzeitig sind sie auf die diakonische Tätigkeit ausgerichtet: der Weg zu einer Begleitdienstgruppe zum Beispiel, in der Freiwillige alte, schwer kranke und sterbende Menschen sowie ihre Angehörigen begleiten, ist für die meisten Teilnehmenden nicht weit. Bildung ist in diesem Zusammenhang Befähigung und Bestärkung zu persönlichem diakonischem Engagement. Das kirchliche Bildungsangebot unterstützt Menschen, mit Herausforderungen umzugehen, die nach fachlichen Kompetenzen rufen und es unterstützt sie gleichzeitig darin, ihre Tätigkeit als diakonisches Handeln zu verstehen.

Doch es gibt auch Problemlagen, in denen nicht nur professionelle kirchliche Sozialarbeit gefragt ist, sondern Projekte freiwilliger Solidarität. Akut sind heute etwa Fragen der Flüchtlingspolitik und Ausländerintegration. Aufgabenhilfe, Deutsch für fremdsprachige Mütter oder Integrationsprojekte wie «interkulturell» betriebene Flickstuben oder Schrebergärten: Es gibt dutzende von Herausforderungen und Möglichkeiten innerhalb von Gemeinden oder in regionaler Zusammenarbeit. Es sind nicht primär professionelle Sozialdiakone oder Pfarrerinnen, die diese Aufgaben selbst – und damit gewissermassen stellvertretend für die Gemeinde – wahrzunehmen haben. Das diakonische Zeugnis geht von der ganzen Gemeinde aus. Professionelle und ordinierte kirchliche Mitarbeitende wirken vielmehr als Moderatorinnen und Moderatoren. Sie initiieren Projekte, ermutigen und motivieren Gemeindemitglieder und gewährleisten eine professionelle Begleitung. Ihnen obliegt primär die permanente Animation einer «diakonischen Gemeinde», die den tätigen Glauben vor Ort, aber auch in Zusammenarbeit mit den kirchlichen Hilfs- und Entwicklungsorganisationen im globalen Rahmen bezeugt und wahrnimmt. Interreligiöse und interkulturelle Begegnungen, Fairtrade-Läden, Friedens- und Vermittlungsarbeit vor Ort oder in ehemaligen Konfliktgebieten: Es gibt unzählige Möglichkeiten diakonischen Engagements.

Eine zeitgemässe, reformierte Diakonie ist keine Einbahnstrasse, in der die «Habenden» gönnerhaft den «Bedürftigen» helfen. Sie erfolgt in einer partnerschaftlichen und respektvollen Haltung und im Bewusstsein, dass wir als Menschen sowohl beschenkte wie bedürftige Wesen sind, miteinander im Geben und Nehmen solidarisch verbunden. Es gibt auch in der reichen Schweiz Menschen, die aus irgendwelchen Gründen durch alle Maschen fallen. Anstatt sie verschämt, diskret und einseitig zu unterstützen und so ihre Ausgrenzung zu zementieren, sollten sie ins normale Leben der öffentlichen Gemeinde zurückgeholt werden. Auch sie können gebeten und herausgefordert werden, einen Beitrag nach ihren Möglichkeiten in der Gemeinschaft zu leisten.

Oft sind in unseren Gemeinden fast homogene Milieus anzutreffen. Selten trifft sich die ganze Spannweite und Würde des Menschlich-Allzumenschlichen. Wir gehören alle auf unsere Weise und zu verschiedenen Zeiten zu den «Mühseligen und Beladenen», die Jesus in seine Nähe rief. Das *sola caritate* ruft uns dazu auf, unsere kirchlich-behüteten Kreise diakonisch zu öffnen, und uns auch auf ungeliebte Themen oder auf Menschen am Rande der Gemeinde oder der Gesellschaft einzulassen.

4.4 Liturgie

Die gottesdienstliche Liturgie ist ein wesentlicher Teil der Verkündigung. In Gottesdiensten mit Predigten, in denen die christlichen Kerngehalte fehlen, ist oft die Liturgie der letzte Ort für genuin christliche Botschaften. Das ist nichts Schlechtes, denn die Liturgie trägt einen wesentlichen Teil zur emotionalen Einbettung der Glaubensbotschaften bei. Doch gerade die reformierte Liturgie braucht Wiederholung und Vertrautheit, und vielen Menschen fehlt die Gottesdienstpraxis, damit diese Elemente zum Tragen kommen. Darüber hinaus ist gerade im Schweizer Protestantismus eine grosse Vielfalt der liturgischen Gestaltung von Gottesdiensten festzustellen. Wer länger nicht einen Gottesdienst besucht hat, kann nur schwer an Vertrautes anknüpfen. Damit geht der evangelischen Verkündigung etwas Wertvolles verloren.

Es ist deshalb zentral, die Liturgie sowie die liturgischen Kompetenzen von Pfarrerinnen und Pfarrern zu stärken. Allerdings ist diese Aufgabe nicht zu unterschätzen: verschiedene Milieus, verschiedene Frömmigkeitsstile, verschiedene Generationen verlangen verschiedene Gottesdienstformen. Was ist dabei das Verbindende einer evangelischen, einer reformierten Liturgie? Wo eignen sich in einem bestimmten Milieu und in einem bestimmten Frömmigkeitsstil sozialisierte Pfarrerinnen und Pfarrer die Kompetenz an, Kasualfeiern so zu gestalten, dass sie sowohl das hauptsächlich repräsentierte Milieu ansprechen als auch milieufremden Teilnehmenden dennoch Vertrautheit bieten können?

Die Quadratur des Kreises wird nicht gelingen. Dennoch muss eine Reform kirchlicher Verkündigung im Bereich der

Liturgie das Ziel verfolgen, sowohl den regelmässigen Gottesdienstteilnehmenden als auch eher kirchenfernen Menschen eine verbindende Vertrautheit anzubieten. Diese Vertrautheit entlastet Pfarrerinnen und Pfarrer auch vom uneinlösbaren Anspruch, dass jede Predigt ein sprachliches und inhaltliches Kunstwerk sein sollte. Allerdings gilt in diesem Bereich noch verstärkt, was ich schon allgemein über die Verkündigung gesagt habe: Die Glaubwürdigkeit der Liturgin oder des Liturgen ist zentral. Eine lieblos und uninspiriert gestaltete Feier kann sich an die Vorlage einer noch so guten Liturgie halten: die Chance, dass Menschen dabei von der Botschaft des Evangeliums berührt und vom Glauben erfasst werden, ist eher gering.

Die Liturgie bettet die stark am Wort orientierte Predigtbotschaft in das emotionale und sinnliche Leben der Glaubenden ein. Sie beschränkt sich nicht nur darauf, den Ablauf eines Gottesdienstes zu definieren. Ganz im Gegenteil: die konkrete gottesdienstliche Liturgie als Teil der Verkündigung ist wiederum eingebettet in die Liturgien eines Tages, einer Woche, eines Monats, eines Jahres- und eines Lebenslaufes. Sie stellt den geistlichen Bezug her zu den Zyklen und Abläufen des menschlichen Lebens, ist in diese eingebettet und macht sie zum Thema. Klostergemeinschaften gestalten ihre Zeit in diesem Sinn am konsequentesten liturgisch. Geistliches und weltliches Leben sind sichtbar verschränkt.

Die Kirchen der reformatorischen Tradition, die für das Priestertum aller Gläubigen stehen und dafür, dass jeder Beruf als geistliche Berufung gelebt werden kann, sind also besonders gefordert. Weltliches und geistliches Leben sind immer ineinander verschränkt; Dienst am Mitmenschen ist Gottesdienst. Dennoch darf diese Verschränkung nicht zu einer Nivellierung oder zu einer Banalisierung der eigentlichen gottesdienstlichen Liturgie führen: die besondere Sorgfalt, die dieser gewidmet wird, führt vielmehr zu einer geistlichen Konturierung und Deutung des Alltags.

4.5 Predigt

Die Predigt hat nach wie vor einen zentralen Stellenwert im Kontext evangelischer gottesdienstlicher Verkündigung. Die Predigt ist eine rhetorische Kunstform, die auf ganz unterschiedliche Art und Weise interpretiert werden kann. Ihr Zweck ist die Auslegung des Wortes Gottes aus den Worten der Bibel. Es gilt auch hier, dass es viele spannende Geschichten, Gedichte, Texte und Überlieferungen gibt, die menschliches Leben in einem religiösen oder gar in einem christlichen Kontext deuten. Es ist keineswegs verboten, sondern durchaus inspirierend, im Rahmen einer Predigt immer wieder auf solche Texte Bezug zu nehmen. Doch letztlich bleibt es die Kernaufgabe des Predigers oder der Predigerin, den nicht in jedem Fall unmittelbar verständlichen Text der Bibel zu interpretieren, und zwar so, dass deren Kernbotschaft für heutige Menschen verständlich wird. Die biblischen Texte sind und waren zu jeder Zeit interpretationsbedürftig.

Schon die Antwort von Jesus auf die Frage des Gelehrten nach dem höchsten Gebot[59] weist auf den Interpretationsbedarf biblischer Überlieferung hin. Es geht an jener Stelle nicht nur um eine Hierarchie von Geboten, sondern um den hermeneutischen Schlüssel zum Gesetz und den Propheten.

Pfarrerinnen und Pfarrer als *verbi divini ministri* sind diejenigen Fachpersonen, die als Interpretinnen und Übersetzer der biblischen Texte ausgebildet und von den Gemeinden unter anderem auch dafür angestellt sind. Dies hat nicht hauptsächlich in Form eines Monologs am Sonntagmorgen zu geschehen. Dialoge, Podien, künstlerische Performance und Musik – die

59 Matthäus 22,37 ff.

Möglichkeiten der Verkündigung sind vielfältiger als das, was bisher im Durchschnitt praktiziert wird. Unverzichtbar ist allerdings der Anspruch, aus den biblischen Texten die Kerngehalte des Glaubens herauszuarbeiten, und zwar auf eine Art und Weise, die zu religiöser Mündigkeit, zu selbstverantwortetem Glauben anleitet.

Nun ist aber eine Predigt nicht einfach eine lehrhafte Ansprache oder eine beliebige rhetorische Kunstform, sondern eingebettet in einen Gottesdienst. Genau wie die Liturgie ist sie ganz entscheidend an die Glaubwürdigkeit der Predigerin oder des Predigers gebunden. Dabei steht nicht nur die Frage nach der Kongruenz von Predigt und Lebensführung im Raum, sondern auch diejenige nach den rhetorischen Fähigkeiten: Körpersprache und Stimmführung beeinflussen die intuitiv wahrgenommene Glaubwürdigkeit des Gesagten ganz wesentlich. Die Verantwortung, die also auf den Verkündigerinnen und Verkündigern des Wortes lastet, ist nicht von der Hand zu weisen. Rhetorische Kompetenz ist für Pfarrerinnen und Pfarrer nach wie vor von zentraler Bedeutung und hat in Aus- und Weiterbildung entsprechend gebührende Beachtung verdient.

Nicht zu unterschätzen ist auch die Bedeutung eines «liturgisch» geführten Lebens, der persönlichen, spirituellen Lebensführung der Predigenden. Wer von dem, wovon er oder sie predigt – vom Evangelium –, selbst berührt ist, wird die Botschaft auch authentischer predigen können.

Zum geistlichen Berührtsein gehört die Haltung des Hörens auf das Wort Gottes: Predigerinnen und Prediger sind die ersten Hörenden dessen, worüber sie predigen. Die Predigt entsteht nicht, weil ein Mensch souverän entscheidet und sich als besonders kompetenten und begabten Redner ins Zentrum stellt. Sie entsteht, weil jemand sich öffnet für die Botschaft der Worte der Bibel, des Wortes Gottes. Als Predigerin oder Prediger bin ich in der Vorbereitung der Predigt – bildhaft gesprochen – zunächst einfach still. Es geht nicht um die Frage, was ich den Menschen zu sagen habe, sondern darum, was Gott mir sagt.

Mir selbst wurde dies früh in meiner «Predigtkarriere» ganz elementar bewusst. Eine meiner ersten Abdankungen als frisch ordinierter Pfarrer war für ein Kind, das an Krebs gestorben war. Schon nur die Mitteilung, dass dieser Knabe, den ich kurz zuvor noch besucht hatte, nun tot sei, verschlug mir die Sprache. Was hätte ich als achtundzwanzigjähriger, kinderloser junger Mensch zu den Eltern, zu den Klassenkameradinnen und Klassenkameraden, zu Freunden und Verwandten zu sagen gehabt? Noch heute, bald doppelt so alt, macht mich das Leid, das eine Familie trifft, die ein Kind verliert, sprachlos. Erst recht, nachdem ich selbst Kinder habe. Meine einzige Chance, damals nicht sprachlos am offenen Grab mit allen anderen zu weinen, war das Vertrauen darauf, dass ich genauso im Trost und in der Klage der Worte aus Psalmen und Evangelium aufgehoben war wie alle Umstehenden. In diesem Vertrauen machte ich mich auf die Suche nach geeigneten Texten, wurde still und betete. Es gab mir Kraft zu wissen, dass es nicht primär darum ging, was ich als mehr oder weniger sprachgewandter Redner den Betroffenen zu sagen hätte, sondern darum, wie ich uns alle dabei begleitete, uns für die Klage und den Trost zu öffnen, der aus Psalmen und Texten der Evangelien zu uns sprach.

Was mir in der Situation am offenen Kindergrab besonders deutlich wurde, trifft für mich seither in jeder Predigtsituation zu. Das bedeutet noch lange nicht, dass das Predigen deswegen immer leicht fiele. Aber es entlastet mich ein Stück weit vom oft belastenden Anspruch, in jeder gottesdienstlichen Situation etwas Packendes, Tiefsinniges und doch leicht Verständliches zu sagen. In der Predigtvorbereitung öffne ich mich für das Wort Gottes. Ich gehe einen geistlichen Weg, auf den ich die Zuhörerinnen und Zuhörer ein Stück weit mitnehmen kann.

Das ist keine Floskel, es hat viel Bedeutung in Bezug auf das, was ich im Kapitel 3 als Kerngehalte des Glaubens dargestellt habe. Äusserungen des Glaubens sind Antworten auf die vorausgehende Liebe Gottes zu den Menschen. Sie sind Antworten auf das gnädige Handeln Gottes an den Menschen. Menschliches Handeln ist nicht die Ursache des heilvollen Geschehens, sondern die Folge. Das gilt auch für die Predigt.

Auf die Frage, ob der klassische, 12 bis 20-minütige, monologische Vortrag die geeignetste oder die einzig mögliche Form der Predigt sei, bin ich bis jetzt noch nicht eingegangen. Diese Frage ist an sich schon suggestiv. Eine Predigt kann jederzeit auch dialogisch, als Bildbetrachtung oder als Inszenierung gestaltet werden. Das Ziel der Verkündigung mit einer Predigt ist allerdings in jedem Fall die Auslegung des Gotteswortes und des Evangeliums von Jesus Christus: Die heilvolle Botschaft für die Menschen bedarf zu jeder Zeit und in jede Zeit hinein neu der Interpretation. Ein lebendiges Wort lebt in der Zeit. Ein totes Wort steht ein für alle Mal. In diesem Sinne drückt sich in der Predigt ganz besonders aus, was «evangelisch-reformiertes Kirchesein» bedeutet: vom Evangelium her sich stets erneuernde, reformierende Kirche. Um diese stete Reform zu ermöglichen, braucht es die Fähigkeit von Pfarrerinnen und Pfarrern, die sprachliche Vermittlung zwischen den Texten der Bibel und den gesellschaftlichen Entwicklungen der Zeit sowie den daraus sich ergebenden Herausforderungen allgemein verständlich zu leisten.

Es liegt auf der Hand, dass der theologischen Kompetenz der Predigenden eine zentrale Stellung zukommt. Sie sind gefordert, in der Predigt die Botschaften des Glaubens zu reformulieren. Sie sind gefordert, das Leben der Gemeinde insgesamt als Verkündigende im Rahmen unserer Gesellschaft zu deuten. Die theologische Kompetenz der «Dienerinnen und Diener am Wort Gottes» beinhaltet, die althergebrachten Worte der Bibel in das heute aktuelle und verständliche, die Menschen berührende Wort Gottes zu übersetzen. Fehlende oder mangelnde theologische Kompetenz der Predigenden birgt zwei Gefahren: Einerseits die Verflachung der Predigt in allgemein lebensweisheitliche Ansprachen mit wenigen oder fehlenden Bezügen zu den Texten der Bibel und den Kerngehalten christlichen Glaubens. Andererseits die biblizistische, wortwörtliche Auslegung der Bibel. Das Theologiestudium und die Weiterbildung der Pfarrerinnen und Pfarrer stehen in der Verantwortung, die entsprechenden Kompetenzen zu fördern. Ganz wesentlich ist dabei die Fähigkeit der Predigerin oder des Predigers, die eigene theologische Position kritisch reflektieren zu können. Predigt als unreflektierte Wiederholung dessen, was man schon immer gewusst, gedacht und geglaubt hat, wirkt desintegrierend, uninspiriert und kann ideologisch erstarren. Predigt hingegen, die als Auseinandersetzung mit den eigenen Glaubensgewissheiten vorgetragen wird, wirkt inspirierend auch auf Zuhörende, die nicht mit allen Aussagen einverstanden sind. Im Rahmen einer Predigt, die in glaubwürdigem Bezug zum Leben steht, die sich auch Widerständigem stellt, rückt der Frömmigkeitsstil der Predigerin oder des Predigers in den Hintergrund. Eine solche Predigt wirkt glaubwürdig in Bezug auf die vortragende Person und integrierend in Bezug auf die Gemeinde. Das – und das soll hier nach einer ganzen Reihe kritischer Anmerkungen mit Nachdruck gesagt sein – kann Sonntag für Sonntag in unzähligen Kirchen landauf, landab erlebt werden.

4.6 Sakramente

Der Stellenwert der Sakramente hat sich in den vergangenen Jahrzehnten verändert. Während zum Beispiel früher die Kindertaufe selbstverständlich war und unhinterfragt im sonntäglichen Gemeindegottesdienst stattfand, ist auch für viele Mitglieder der Kirche heute nicht mehr selbstverständlich gegeben, dass ihr Kind getauft wird. Es zeichnet sich auch immer häufiger der Wunsch ab, die Taufe als private Familienfeier, ausserhalb des Sonntagsgottesdienstes zu feiern. Der Zugang zum Abendmahl war früher den erwachsenen Kirchenmitgliedern vorbehalten, die als religiös mündige Menschen «würdig» waren, das Sakrament zu empfangen. Konfirmation und erstes Abendmahl waren demnach Übergangsrituale ins kirchliche und auch weltliche Erwachsenenleben.

Kinder sind heute jederzeit zum Abendmahl zugelassen und nicht erst am Ende der Schulzeit nach dem Konfirmationsunterricht. Das Abendmahl ist entsprechend nicht mehr die Feier der mündig-erwachsenen Kirchenmitglieder, das seinen Wert auch durch Zugangsbeschränkung und Exklusivität hatte. Es ist eine Feier der Gemeinschaft, zu der grundsätzlich alle eingeladen sind. Die Feier des Abendmahls hat zum Glück damit etwas von ihrer Strenge, möglicherweise aber auch etwas von ihrer Verbindlichkeit verloren.

Doch es sind nicht nur diese Äusserlichkeiten im Bereich der beiden evangelischen Sakramente, sondern es sind viel grundsätzlichere Fragen, die uns heute umtreiben müssen. Wie zum Beispiel begründen und erklären wir taufwilligen Eltern den Unterschied zwischen einer privaten Segnungsfeier und einer im öffentlichen Gottesdienst gefeierten Taufe? Was ist der Unterschied zwischen einem evangelischen Sakrament und einem magischen Ritual? Warum ist es wichtig, dass die verschiedenen christlichen Kirchen gegenseitig die Taufe anerkennen und weshalb kann nur einmal getauft werden? Warum ist es zum Beispiel für orthodoxe oder katholische Christen nur schwer nachvollziehbar, dass wir als bekenntnisfreie Kirchen in keiner Taufliturgie ein verbindliches, gemeinsames und für unsere Kirche verpflichtendes Bekenntnis haben?

Es ist nicht möglich, diese Fragen, die zum Teil als Anfragen von aussen an uns herangetragen werden, in diesem Buch alle zu beantworten. Es muss deshalb an dieser Stelle dabei bleiben, sie als bedenkenswert und das Reformationsjubiläum als geeigneten Zeitpunkt zu bezeichnen, sie in unserer Kirche offen und offensiv anzugehen.

Ich möchte allerdings einen Bezug herstellen zu dem, was ich im Kapitel 3 «Reformulierter Glaube» dargelegt habe. Die Taufe spricht dem getauften Menschen – Kleinkind, Jugendlicher oder Erwachsener – die Treue Gottes im Sinne der reformatorischen *soli* verbindlich zu. Nicht etwa, dass die Kirche Verwalterin dieses Zuspruchs wäre und gewissermassen die Kontrolle darüber hätte, wer ihn erhält und wer nicht. Dieser Zuspruch gilt auch für nichtgetaufte Menschen. Jede andere Denkart würde ein magisches Verständnis der Taufe repräsentieren und stünde für die vormoderne Vorstellung, dass etwa ein ungetauft verstorbenes Kleinkind nicht in den Himmel kommt. Die Verbindlichkeit und Einmaligkeit der Taufe als Sakrament nimmt die Kirche, die Gemeinde und die Eltern des Täuflings in die Pflicht. Durch wen, wenn nicht durch sie, soll ein Täufling sich dafür öffnen können, «die Treue Gottes an sich geschehen zu lassen»[60]: sich Gott im Glauben zuzuwenden?

Die Herausforderung, die unsere Kirche im Zusammenhang mit der Taufe aktuell zu bewältigen hat, ist demnach nicht nur im Bereich der liturgischen Gestaltung, des Umgangs mit Bekenntnissen etc. zu suchen. Die Herausforderung liegt darin, ob wir als Kirche bereit und in der Lage sind, gegenüber allen auf den Namen des dreieinigen Gottes Getauften Zeuginnen und Zeugen der Treue Gottes zu sein. Das hat wesentlich mit der oben erwähnten – in vielen Bereichen noch zu etablierenden – Haltung, zum Beispiel gegenüber loyalen, distanzierten Mitgliedern, zu tun. Eine Haltung, die ihnen zu verstehen gibt, ihre Mitgliedschaft sei defizitär, sie sollten aktiver sein, mehr zum Gottesdienst kommen etc. verträgt sich damit nicht. Got-

60 Vgl. Widmer, Hans, Die Bibel wieder entdecken, Berlin 2013, S. 12.

tes Treue ist von keinen Vorbedingungen abhängig. Wenn das im kirchlichen Umfeld erfahren werden kann, dann lösen wir das sakramentale Versprechen der Taufe ein.

Noch grösser sind wohl die Herausforderungen im Kontext des Abendmahls. Was ist seine Stellung im evangelisch-reformierten Gottesdienst? Ist es eine zeremonielle Verschönerung (und Verlängerung) von Feiertagsgottesdiensten, um ihnen eine stärkere kirchliche «Würde» zu verleihen? Ist es die Feier der Katholizität der Kirche? Ist es eine «blosse» Feier der Gemeinschaft? Nur der hier und jetzt gerade Feiernden, oder gehört sonst noch jemand dazu? Was ist denn die sakramentale Bedeutung von Brot und Wein als Zeichen der Präsenz Gottes?

Auch hier ist es nicht möglich, alle anstehenden Fragen zu bearbeiten. Der angedeutete und unvollständige Fragenkatalog soll ein Hinweis darauf sein, dass die Zeit um das Jubiläum der Reformation dazu einlädt, uns mit den angesprochenen Themen vertieft auseinanderzusetzen.

Zentral in diesem Zusammenhang ist meine oben ausgeführte Kritik an der Sühneopfer-Theologie. Viele Liturgievorschläge zur Feier des Abendmahls suggerieren nach wie vor, dass das Opfer von Jesus am Kreuz ein Sühneopfer zur Tilgung menschlicher Schuld war. Diese Sichtweise gilt es wie gesagt zu revidieren. Ich möchte wiederholen, dass ich es für dringlich erachte, hier theologisch und liturgisch weiterzuarbeiten. Vielen Menschen ist das Abendmahl nicht zuletzt aufgrund der Sühneopfer-Sprache in Abendmahlsliturgien fremd geworden. Die Vorstellung, dass durch dieses Opfer und durch den Verzehr der Zeichen für Leib und Blut von Jesus der Zorn Gottes über meine moralische Schuld besänftigt und diese gesühnt werden soll, wirkt nicht nur auf viele Menschen abstossend und wird zum Glaubenshindernis, sie ist auch aus theologischer Sicht nicht haltbar. Das Heil für die Menschen basiert nicht auf dem Opfertod. Wenn es so wäre, hätte Christus gar nicht auferstehen müssen. Der Opfertod von Jesus zeigt erst, wohin menschliche Sünde führt: er öffnet die Augen für menschliche Schuld. Das Heil für die Menschen basiert nicht auf dem Tod, sondern auf dem Leben, darauf, dass Christus nach dieser menschlichen Gewalttat auferstanden ist. Das Leben siegt über menschliches Wüten. Gott gibt die Menschen nicht auf. Es gibt Trost und Hoffnung: Gott glaubt an die Menschen!

Diese Interpretation des Christusgeschehens und damit auch des Abendmahls hat keine Verharmlosung menschlicher moralischer Schuld zur Folge. Ganz im Gegenteil: das Ausmass menschlicher Schuldfähigkeit wird erst recht ernst genommen. Eine an der Sühneopferinterpretation anknüpfende Abendmahlsliturgie entlässt die Feiernden im Grunde mit Schuldgefühlen, schlechtem Gewissen und unfrei aus dem Gottesdienst. Sie gibt ihnen das Gefühl mit, nach wie vor in der Freiheit zum Bösen – und damit eigentlich unfrei – zu leben. Dagegen wird eine neue Liturgie es leisten müssen, die Schuldfähigkeit des Menschen schonungslos zu thematisieren, gleichzeitig aber den Zuspruch der Befreiung von dieser Schuld so zur Sprache zu bringen, dass die Menschen im Vertrauen darauf entlassen werden, dass sie in der Freiheit zum Guten leben.

Die Auferstehung von Christus – nachdem Jesus Opfer menschlichen Wütens geworden war – ist Gottes ultimativer Tatbeweis seiner ewigen Treue. Er schenkt auch mir die Kraft, das Gute anstatt des Bösen zu wählen. Ich bin frei, weil Gott meiner Schuld und Schuldfähigkeit das Leben entgegenstellt und mir die Freiheit zum Guten schenkt. Ich bin nicht wirklich frei und lebe nicht wirklich im Licht der Auferstehung, wenn Gott mich durch die Opferung seines Sohnes zur Tilgung meiner Schuld gewissermassen in die moralische Pflicht nimmt.

5. Ausblick und Thesen zum Schluss

Zum Schluss nun stellt sich die Frage, was die in diesem Buch dargelegten Gedanken und Themen für Folgen für den persönlichen Glauben (5.1 Glaube und Ethik) und für die Kirche in der Gesellschaft (5.2 Kirche und Öffentlichkeit) haben. Dies umfassend zu beantworten, hiesse, ein weiteres Buch zu schreiben, und trotzdem immer noch im Bereich des Bruchstückhaften und Diskutablen zu bleiben. Deshalb beschränke ich mich zum Schluss auf wenige, skizzenhafte Hinweise zu Glaube und Ethik, zu Kirche und Öffentlichkeit und formuliere abschliessend vier Thesen.

5.1 Glaube und Ethik

Glaube ist mehr als spirituelle Wellness ohne Folgen für das tätige Leben und Handeln – konkrete Urteile, Entscheidungen, Handlungen der Glaubenden. Ethik als aus dem Glauben schöpfende Lebenshaltung ist – im Unterschied zur Befolgung moralischer Regeln – die Wahrnehmung von Freiheit: «Glaube, der sich durch die Liebe als wirksam erweist» (Gal 5,6). Das Gegenteil wäre die moralisch gute Tat in der Verpflichtung, den Glauben recht leben zu müssen. Letzteres wäre ein Leben, das ständig der Versuchung zum Bösen ausgesetzt ist, denn der Verzicht auf die moralische Verpflichtung erschiene als Freiheitsgewinn. Die moralisch gute Tat wäre die Befolgung der Verpflichtung, sich im Glauben zu bewähren. Von der Pflicht zur guten Tat ginge ein Moment der Unfreiheit aus. Jedes Versagen (der Wahrnehmung der Freiheit zum Bösen) würde sich dann als Scheitern am Anspruch des Glaubens und damit eigentlich als Verlust der Zusage der Rechtfertigung und des Heils aus dem Glauben erweisen.

Die zum Beispiel in der Feier des Abendmahls sakramental in Aussicht gestellte Gnade und Möglichkeit der Versöhnung mit Gott, sowie die Zusage der Liebe Gottes stünden permanent unter dem Vorbehalt, sich im Glauben bewähren zu müssen durch Erfüllung der moralischen, die Freiheit zum Bösen im Zaum haltenden Pflicht. Das ist nicht *sola gratia* und nicht *sola fide*. Das ist moralischer Zwang zur Sicherstellung des Heils. Die Gnade der Erwählung muss zwar nicht voraus, aber eben doch im Nachhinein verdient werden. Dieses Deutungsmuster war und ist in der reformierten Tradition weitverbreitet und führt dazu, dass diese oft als «streng» und «zwinglianisch» oder «calvinistisch» wahrgenommen wird.

Ich bin überzeugt: Das moralische Verhalten im Kontext des Glaubens muss aus reformierter Sicht konsequent in der Perspektive der Freiheit zum Guten verstanden werden. Der Glaube als Befähigung, in der Freiheit zum Guten zu entscheiden, legt damit eine solide Basis für die wahrhaft freie moralische Entscheidung, für die wahrhaft gute moralische Tat und damit für die Ethik. Ethik setzt voraus, dass sich Menschen frei und rational entscheiden können, und zwar für die moralisch gute Tat. Der Glaube befreit Menschen dazu und stattet sie mit der notwendigen Verbindlichkeit aus, in ethischer Verantwortung die Freiheit zum Guten wahrzunehmen, und er nimmt Menschen die Angst vor der Option des Bösen.

Mit dieser Dialektik setzt sich Paulus im Römerbrief (Röm 7,14–25) auseinander. Der Wille und die Vernunft sind auf die Freiheit zum Guten gerichtet, vom Gesetz der Sünde geht allerdings ein unüberwindbarer Zwang aus. Doch Paulus muss daran nicht verzweifeln: Christus rettet ihn aus dieser Not. Der bedingungslosen Liebe Gottes wohnt eine Verbindlichkeit inne, die den glaubenden Menschen die Kraft gibt, die Freiheit zum Guten zu wählen.

5.2 Kirche und Öffentlichkeit

Ganz analog zum Verhältnis von Glauben und Ethik kann das Verhältnis Kirche und Öffentlichkeit umschrieben werden. Die Kirche ist frei, sich öffentlich zu engagieren. Sie sollte in den gesellschaftlichen Entwicklungen keine Bedrohung oder Dauerversuchung erkennen, die sie in ihrer Freiheit und in ihren Handlungsmöglichkeiten einschränken. Die Kirche steht für die Freiheit aus dem Evangelium von Jesus Christus. Das bedeutet für mich erstens einmal, dass wir uns nirgends und bei niemandem für unser Kirchesein entschuldigen müssen! Wir müssen uns nicht länger in die Ecke drängen und als Verlierer-Institution abstempeln lassen, welche die Menschen in ewig gestriger Manier und wider alle Vernunft unter dem Vorwand der Religion in Abhängigkeit halten will.

Wir drängen uns niemandem auf und stehen nicht für manipulative Vereinnahmung von Menschen, sondern für den Zuspruch der Versöhnung, der Liebe und der Freiheit. Gerade als Landeskirchen, mit den nach wie vor bestehenden Privilegien, sind wir nicht nur von unserem Auftrag her verpflichtet, sondern von unserer Konstitution her prädestiniert, den Menschen den Glauben bedingungslos, aber verbindlich zu bezeugen. Es liegt an uns Repräsentantinnen und Repräsentanten der Kirche, uns in dieser Perspektive immer wieder selbstbewusst einzubringen gegen Strömungen, welche die Menschen mit religiösem Eifer vor der Religion schützen möchten. Unter dem Vorwand der religiösen Neutralität darf zum Beispiel im Kanton Genf eine Kirchgemeinde am Weihnachtsmarkt keinen Stand mehr aufstellen. Oder bestens ausgebildete Pfarrerinnen und Pfarrer dürfen in der Schule keinen konfessionsneutralen Religionsunterricht mehr erteilen.

Ganz zentral ist in diesem Zusammenhang, dass wir uns glaubwürdig als Botschafterinnen und Botschafter der befreienden Kraft des Glaubens einbringen. Der Hunger nach spiritueller Beheimatung ist weitverbreitet. Ebenso weitverbreitet ist die Suche nach den werthaltigen Ursprüngen unserer Kultur und den Werten, die unsere Gesellschaft zusammenhalten. Allzu unbestimmt wird in diesem Zusammenhang oft auf die «christlich-jüdischen» oder «christlich-abendländischen» Wurzeln der europäischen Kultur verwiesen. Allzu oft soll dieser Verweis zur Abgrenzung gegenüber dem Islam herhalten, wobei noch unklarer bleibt, was für ein Islam damit genau gemeint ist.

Es braucht einen klareren und selbstbewussteren Auftritt der Kirchen in diesem Zusammenhang. Diesem Auftritt muss aber zwingend – und dazu möchte dieses Buch einen kleinen Beitrag leisten – eine entsprechende Selbstvergewisserung vorangehen. Doch von wem sollte Klärung über die Fragen nach «christlich-abendländischer» oder nach «christlich-jüdischer» Kultur und Tradition kommen, wenn nicht von den angesprochenen Religionsgemeinschaften selbst? Die Kirche darf sich nicht bis zur Unkenntlichkeit gesellschafts- und öffentlichkeitskonform verwässern. Sie darf durchaus auch sperrig, gar widerständig auftreten, wenn das Etikett «christlich» vereinnahmt wird. Allerdings muss sie sich dann selbst über ihr eigenes Profil im Klaren sein.

Kirche ist allerdings nicht nur im institutionellen Sinne zu verstehen. Menschen sind und leben Kirche. Sie tun das nicht nur, wenn sie «zur Kirche» gehen. Sie tun es auch, wenn sie sich engagieren: als Ehrenamtliche, Freiwillige, im Beruf oder in der Familie. Es wäre eine grosse Chance, wenn wieder mehr Menschen, anstatt sich unbestimmt auf «christliche Werte» zu berufen, ein Bewusstsein für den diakonischen Dienst von Christinnen und Christen im Alltag und in der Öffentlichkeit entwickeln würden. Als Vertreterinnen und Vertreter der institutionell sichtbaren Kirche sind wir hier in der Pflicht, zum

Beispiel indem wir die quantitative Teilnahme an den institutionellen Angeboten der Kirche nicht dafür benutzen, Mitglieder qualitativ zu unterscheiden. Ganz im Gegenteil: Alle sollen ihr gesellschaftliches Engagement, wo immer es sich manifestiert, als Teil des Kircheseins erkennen können.

5.3 Thesen zu Gegenwart und Zukunft der Kirche

Zum Schluss möchte ich die in den vorangehenden Seiten dargelegten Gedanken zu vier Thesen verdichten. Sie werden sowohl Zustimmung als auch Widerspruch hervorrufen, und genau das ist auch ihr Zweck. Im Gespräch, in Zustimmung und Abgrenzung, in Übereinstimmung und Differenzen erleben wir die Kraft des evangelisch-reformierten Kircheseins, der sich aus dem Evangelium heraus stets reformierenden Kirche.

*Der Glaube muss anhand der vier **soli**, denen **sola caritate** als hermeneutischer Schlüssel vorangestellt wird, reformuliert und so für Menschen von heute wieder besser zugänglich gemacht werden.*

- *Allein durch die Liebe*: Wie kann christliches Leben erfüllt sein?
- *Allein Christus*: Was ist «spezifisch christlich» und wie ist das Christusgeschehen (Tod und Auferstehung von Jesus Christus) in unserer Zeit zu verstehen?
- *Allein aus Gnade*: Wie schafft Gnade die Voraussetzung für einen befreienden Glauben?
- *Allein durch den Glauben*: Wie schafft der Glaube als Annahme der Treue Gottes die Voraussetzung für ein erfülltes Leben in der Liebe?
- *Allein aufgrund der Schrift*: Wie zeigt sich das Wort Gottes in den Worten der Bibel den Menschen der heutigen Zeit?

Reformulierter Glaube macht eine Reform der kirchlichen Verkündigung nötig, die sich nicht auf die Predigt allein beschränkt.

- *Religionspädagogik und kirchliche Erwachsenenbildung:* Ziel ist, Menschen in die religiöse Mündigkeit zu begleiten. Dazu gehört ein Basiswissen über die Bibel und die Kerngehalte des Glaubens. Ausserdem gehören dazu Kompetenzen in der persönlichen Urteilsbildung über Fragen des Glaubens und der Religion, die Fähigkeit, eigene Glaubensüberzeugungen kritisch zu reflektieren, sowie eine entsprechende Sprach- und Diskursfähigkeit.
- *Liturgie, Predigt und Sakramente:* Menschen müssen vor allem durch diese Formen der Verkündigung berührt werden. Nicht nur theologische und rhetorische Kompetenzen der Pfarrerin oder des Pfarrers sind dabei zentral, sondern auch die Fähigkeit, zeitgenössisches Leben aus der Perspektive des Evangeliums so zu deuten, dass sich Menschen in ihrer jeweiligen Lebenssituation angesprochen fühlen. Das bedeutet auch, dass neben den Feiern territorial verfasster Gemeinden, auch Menschen mit gemeinsamen Kulturmerkmalen (Milieus, kulturelle Interessen, Lebensphase …) durch besondere Gottesdienste überregional zusammenkommen und feiern. Ganz entscheidend ist jederzeit die Glaubwürdigkeit der Repräsentantinnen und Repräsentanten der institutionell sichtbaren Kirche: Kirche *lebt mit Menschen*. Sie kann nicht *für Menschen gemacht* werden.
- *Diakonie*: Hier wird das Evangelium durch die Tat bezeugt. Diakonie ist konsequent als Verkündigung zu verstehen. Sie unterscheidet sich von Sozialarbeit oder sozialem Engagement dadurch, dass sie eingebettet ist in den Glauben und aus ihm Kraft schöpft. Diakonische Arbeit kann weit über die Grenzen des spezifisch Kirchlichen hinausgehen und in Vereinsleben, Politik und Nachbarschaftshilfe stattfinden.

Es gibt keine «besseren» oder «schlechteren» Mitglieder

- Es ist nicht zuletzt vor dem Hintergrund der befreienden Botschaft des Evangeliums selbstverständlich, distanzierte Kirchenmitglieder als wichtige Stützen unseres Kircheseins wertzuschätzen und ihnen nicht unterschwellig vorwurfsvoll «Passivität» vorzuhalten. Sie sind keine «schlechten» Mitglieder, nur weil sie den direkten Kontakt nicht suchen und kaum an Angeboten der Kirchgemeinde teilnehmen.
- Wir müssen es als Vertreterinnen und Vertreter der institutionell sichtbaren Kirche auch nicht als unser eigenes Versagen interpretieren, wenn sie nicht für mehr Aktivitäten gewonnen werden können. Was wir hingegen müssen, ist, unsere Haltung ihnen gegenüber zu verändern und ihnen in den sporadischen Kontakten, die sie zur Kirche haben, Wertschätzung dafür entgegenzubringen, dass sie die Kirche ideell und finanziell mittragen.
- In direkten, schriftlichen Kontakten müssen wir ihnen zeigen, dass wir sie ohne Einschränkungen als Mitglieder wahrnehmen und nichts Zusätzliches von ihnen fordern. Vielleicht gelingt es sogar, sie so zu bestärken, dass sie persönliches Engagement als Teil ihres Christ- und Kircheseins verstehen können. Es ist unsere Aufgabe, ihnen plausibel darlegen zu können, warum es eine gute Sache ist und bleibt, Kirchenmitglied zu sein, und wie die Kirche bei Bedarf jederzeit für sie da ist.

Die Kirche braucht ein neues Selbstbewusstsein. Sie darf sich angesichts der gesellschaftlichen Trends nicht als Verliererin inszenieren, sondern ist herausgefordert, die Chancen der aktuellen Entwicklungen zu erkennen und zu nutzen.

- Es ist unübersehbar, dass die territorial und konfessionell klar umrissenen Kirchen – Landes- und Kantonalkirchen deutschschweizerischen Zuschnitts – das religiöse Sinnstiftungsmonopol verloren haben. Die Bindung der Menschen an traditionelle Kirchen schwindet. Die öffentlich und medial geführte Diskussion neigt dazu, den traditionellen Kirchen das Etikett der Verliererinnen zu verpassen: Kaum ein Medienbeitrag über Kirchen, der nicht von leeren Kirchenbänken und wachsenden Austrittszahlen zu berichten weiss. Diese Entwicklung lässt sich nicht aufhalten, auch wenn die Kirchen zum Teil kleiner geredet werden, als sie tatsächlich sind.
- Unsere Haltung dazu muss jedoch eine andere sein. Ich plädiere deshalb für ein neues Selbstbewusstsein der Kirche. Ich fordere die Kirchen auf, sich auf allen Ebenen kompetent in gesellschaftliche Diskurse einzubringen. Das geht nicht in einer Haltung, die den Zeiten nachtrauert, in denen Kirchenmitgliedschaft eine Selbstverständlichkeit und Teilnahme am kirchlichen Leben sozialer Zwang war. Das geht nur in einer Haltung, die zuinnerst auf die befreiende Botschaft des Evangeliums vertraut, und aus ihr die Kraft schöpft, mutig für ihre Sache einzustehen.
- In diesem Sinne sind wir als Kirche in der Schweiz, in den Kantonen, in den Gemeinden eingeladen, gleichzeitig demütig und selbstbewusst, nicht schrill, aber doch vernehmbar für die versöhnende, befreiende und tröstende Kraft des Evangeliums einzustehen. Das betrifft die Repräsentantinnen und Repräsentanten der institutionell sicht-

baren Kirche, und auch alle Christinnen und Christen je an ihrem Ort im Leben.

Letztlich gilt als Verheissung sowohl für die Kirche als auch für jeden einzelnen glaubenden Menschen: Sich zu öffnen für die Botschaft des Glaubens und damit Gottes Treue an sich geschehen und sich in eine hoffnungsvolle Bewegung hineinnehmen zu lassen, die von Gottes Glauben an ein erfülltes menschliches Leben getragen ist.